2013
中国会展产业年度报告

主编　郭牧　赵闯

中国商务出版社

图书在版编目（CIP）数据

中国会展产业年度报告 . 2013 / 郭牧，赵闯主编
. —北京：中国商务出版社，2013. 8
ISBN 978-7-5103-0944-1

Ⅰ. ①中… Ⅱ. ①郭… ②赵… Ⅲ. ①展览会—产业发展—研究报告—中国—2013 Ⅳ. ①G245

中国版本图书馆 CIP 数据核字（2013）第 212712 号

2013 **中国会展产业年度报告**
ZHONGGUO HUIZHAN CHANYE NIANDU BAOGAO
主编 郭牧 赵闯

出　版：中国商务出版社
发　行：北京中商图出版物发行有限责任公司
社　址：北京市东城区安定门外大街东后巷 28 号
邮　编：100710
电　话：010—64269744　64218072（编辑一室）
010—64266119（发行部）
010—64263201（零售、邮购）
网　址：www. cctpress. com
邮　箱：zhanggaoping@cctpress. com
照　排：北京科事洁技术开发有限责任公司
印　刷：北京密兴印刷有限公司印装
开　本：787 毫米×1092 毫米　1/16
印　张：11.75　**字　数：**155 千字
版　次：2013 年 9 月第 1 版　2013 年 9 月第 1 次印刷
书　号：ISBN 978-7-5103-0944-1
定　价：60.00 元

序

中国经济的持续稳定发展，为会展业发展提供了良好的基础条件。2012年，中国会展业保持了良好发展势头，规模继续保持增长，中国一跃成为展览大国。会展业发展逐步转向专业化、品牌化、国际化，并显示出强大的关联效应和经济带动作用，为促进我国政治、外交、文化、国民经济发展发挥了积极作用。

本书根据商务部2012年有关会展行业统计数据汇总表，就规模、效益、贡献度三部分的不完全统计、商务部服贸司与全国会展工作委员会对各省市会展的数据统计及亚太会展研究评估中心定向会展城市的数据统计，对2012年全国会展行业数据进行统计分析，其中包括全国展览、展馆、会议、节庆活动、出国经贸展览和就业等数据的综合分析。

2013年将是中国经济结构调整的关键之年，作为中国实施“十二五”规划的中间一年，起着承上启下的重要作用。中国会展业需充分考虑未来发展趋势和条件，继续加强区域协调、夯实基础、优化结构、推进知识产权保护，在更大范围、更广领域、更高层次上参与国际合作。随着中国经济平稳发展、发展方式转变和巨大市场潜力的释放，世界会展业的中国因素将进一步增强。

覃业竣

2013年8月

前　　言

《2013 中国会展产业年度报告》是由郭牧博士领衔的亚太会展研究评估中心团队，包括业内专家、理论学者和科研教学人员完成的关于中国会展经济问题的最新研究成果。

商务部作为全国会展业主管部门，经国家统计局批准，建立了商贸服务典型企业统计报表制度。其中，典型会展业单位年报表是由商务部主管部门委托全国会展工作委员会具体组织实施。

在统计结果综合分析的基础上，我们撰写了《2013 中国会展产业年度报告》，全面分析了我国会展业总体发展情况，客观反映了 2012 年我国会展业发展变化的特点和走势，探讨了会展业在新形势下的发展路径。本报告分为三部分，第一部分包括：2012 年国内外经济形势分析、2012 年中国会展业发展现状分析、2013 年中国会展业发展趋势及商务部于 2013 年 1 月 4 日发布并于 7 月 1 日实施的四个有关会展业的行业标准；第二部分是中国会展业发展较快的六个地区的区域报告及统计资料；第二部分是 2012 年中国会展教育年度报告。本报告对中国会展业发展中存在的问题进行了较为深刻的分析，提出了促进中国会展业发展的政策措施。

在本报告编写过程中，我们得到了商务部服务贸易和商贸服务业司的大力帮助和悉心指导，得到了北京、上海、广州、浙江、山东、江苏等相关省市的大力支持，在此一并表示感谢。我们欢迎相关部门或人员引用本报告的资料，引用时敬请标明引文的来源。

编　者

2013 年 8 月

目　录

第一部分　年度报告

第二部分 区域报告

第三部分 领域报告

第一部分

年 度 报 告

第一章　2012 年国内外经济形势分析

近年来，我国会展业发展迅速，产业规模不断扩大，经济效益逐年攀升，场馆及配套设施建设日趋完善。会展业已逐步成为国民经济发展的助推器和对外政治、外交、经贸、文化交流的大舞台。会展业的社会贡献度逐渐显现，会展业也已成为促进经济增长的重要引擎。

一、国际经济形势分析

2012 年，世界经济经历了复杂而深刻的变化，同时也面临着前所未有的机遇和挑战。世界经济以年初世人普遍认为的低开高走伊始，到年底以抛物线式的下滑结束，全球经济复苏步履蹒跚。主要经济体需求仍然疲软，投资和消费乏力，贸易增长下降，保护主义开始盛行，挑战超出预期。联合国、世界银行和国际货币基金组织（IMF）等国际机构不得不多次下调全球经济增长预期。IMF 在 2011 年 10 月曾预测 2012 年全球经济增长 4%，世界经济规模达到 73.7 万亿美元。然而，一年之后，IMF 将 2012 年全球经济增速下调到 3.3%，世界经济规模下调至 71.28 万亿美元。

回顾 2012 年，世界经济形势主要呈现以下几个特征：

1. 发达国家经济复苏步伐缓慢

据 IMF 统计，2012 年发达经济体整体 GDP 增长 1.3%，其中美国 2.2%，日本 2.2%，呈现止跌回升的势头；欧元区 −0.4%，陷入衰退已成定局；其他发达经济体 1.5%，不仅远低于发展中国家增长水平，也未能达到世界平均水平（3.3%）。

2. 新兴经济体增速普遍放缓

近 10 年来，新兴经济体一直是全球经济版图中增长最快的，尤其在 2008 年以来的国际金融危机中担当起世界经济“新引擎”的角色，成为全球经济走出衰退阴霾的重要支撑力量。然而，近两年，世界经济中这道最亮丽的风景线有所逊色。根据 IMF2012 年 10 月报告，新兴经济体 GDP 增长率从 2010 年的平均 7.4%下滑到 2011 年的 6.2%，2012 年进一步降至 5.3%，两年间下降两个百分点。尤其是金砖五国增速普遍减缓，中国、印度、巴西、俄罗斯、南非增速分别为 7.8%、4.9%、1.5%、3.7% 和 2.6%。2012 年，成为中国进入 21 世纪以来经济增速最缓慢的一年，印度 GDP 增速也是近 10 年最低水平，巴西、俄罗斯和南非 GDP 增速创 2009 年以来的新低。新兴经济体增速减缓的主因是受欧债危机和美国经济不景气的影响，外需急剧下降，导致传统市场的出口受阻。

3. 国际贸易增速明显下滑

根据 IMF 统计，2012 年全球贸易增速仅为 3.2%，远低于 1980 年以来 5.7%的年均增速。其中发达国家进出口额分别从 2011 年的 4.9%、5.7%降至 1.7%、2.4%，新兴市场和发展中国家进出口额分别从 9.8%、6.6%降至 7.4%、4.0%；特别是东亚地区出口下降十分显著；世界贸易总额达到 22.42 万亿美元，较 2011 年只增加 1 900 亿美元。

4. 大宗商品价格呈戏剧性波动

2012 年大宗商品价格上半年先涨后跌，下半年震荡上行，全年波动幅度较大。反映全球大宗商品价格总体变化的美国商品研究局指数（CRB 指数）1 月份为 312.31 点，2 月升至 322.4 点，此后一路下跌，6 月最低，跌至 266 点，为近 20 个月来最低点。然而，到下半年形势骤变。第三季度，包括 24 种原材料的标普

GSCI 指数较二季度末最低点上涨 20%以上。第四季度，受美联储 QE3 和欧洲央行宽松的货币政策刺激，大宗商品价格普遍走高。

5. 国际金融市场跌宕起伏

大量流动性可以缓解债务危机，提振市场信心，但同时也导致国际资本的大规模流动、汇市和股市的震荡以及能源和大宗商品的上涨，对世界经济的稳定和复苏带来不利影响。2012 年，全球金融市场延续 2011 年的震荡态势。随着全球经济放缓、欧债危机发酵、投资者避险情绪上升，美元、澳元、瑞士法郎成为主要避险货币，日元、人民币、巴西雷亚尔对美元汇率重拾升值态势，黄金价格也不断上扬。同时，伴随全球通胀压力有所减轻，各国央行启动新一轮宽松政策，全球流动性相对充足。

二、国内经济形势分析

2012 年是中国经济在持续回落中逐步趋稳的一年，也是十分复杂的一年。政府按照"稳经济、调结构、控通胀"的经济发展思路，实施积极的财政政策和稳健的货币政策，国内经济总体保持稳步增长的态势，但经济稳定增长的同时，依然面临众多挑战。

2012 年，全年国内生产总值为 519 322 亿元，按可比价格计算，比 2011 年增长 7.8%。分季度看，一季度同比增长 8.1%，二季度增长 7.6%，三季度增长 7.4%，四季度增长 7.9%。分产业看，第一产业增加值 52 377 亿元，比 2011 年增长 4.5%；第二产业增加值为 235 319 亿元，增长 8.1%；第三产业增加值为 231 626 亿元，增长 8.1%。从环比看，四季度国内生产总值增长 2.0%。

全年全国规模以上工业增加值按可比价格计算，比 2011 年增长 10.0%，增速比 2011 年回落 3.9 个百分点。分季度看，一季度同比增长 11.6%，二季度增长 9.5%，三季度增长 9.1%，四季度增长 10.0%。分经济类型看，国有及国有控股企业增加值比 2011 年增长 6.4%，集体企业增长 7.1%，股份制企业增长 11.8%，外商及港澳台商投资企业增长 6.3%。分轻重工业看，重工业增加值比 2011 年增长 9.9%，轻工业增长 10.1%。分行业看，41 个工业大类行业增加值全部实现比 2011 年增长。分地区看，东部地区增加值比 2011 年增长 8.8%，中部地区增长 11.3%，西部地区增长 12.6%。分产品看，全年 471 种工业产品中有 345 种产品产量比 2011 年增长。全年规模以上工业企业产销率达到 98.0%，比 2011 年下降 0.5 个百分点。规模以上工业企业实现出口交货值 106 759 亿元，比 2011 年增长 7.1%。2012 年 12 月份，规模以上工业增加值同比增长 10.3%，环比增长 0.87%。

据海关统计，2012 年，我国外贸进出口总值 38 667.6 亿美元，比 2011 年增长 6.2%。其中出口 20 498.3 亿美元，增长 7.9%；进口 18 178.3 亿美元，增长 4.3%；贸易顺差 2 311 亿美元，扩大 48.1%。2012 年，我国货物贸易进出口总体增速出现了回落，同比 2011 年进出口增速回落了 16.3 个百分点。从全年的进程来看，进出口增速呈现缓中趋稳的态势，表现在进出口规模逐季环比增长，增速在三季度探底后回升。2012 年一至四季度，我国进出口总值分别为 8 594.6 亿美元、9 796.9 亿美元、10 027亿美元和 10 249.1 亿美元，同比增速分别为 7.3%、8.5%、3%和 6.3%。

与以往经济下行阶段表现不同的亮点是：2012 年以来，就业和居民收入保持稳定增长，没有随经济减速而下滑。2012 年，全国城镇新增就业 1 266 万人，城镇失业人员再就业 552 万人，就业困难人员实现就业 182 万人，年末城镇登记失业率为 4.1%。从农民工流动的专项资料调查来看，前三季度流向中西部地区的

6个月以上外出农民工的增长速度，分别增长了5.5%和5.6%，比东部地区要高4个百分点左右，中西部地区成为城镇拉动新增就业增长的主力。同时，城镇从业人员平均工资一、二季度同比增长14.7%和13.1%，城乡居民收入扣除价格因素前三季度实际增长9.8%和12.3%，均高于GDP增幅。在就业和居民收入稳定增长的基础上，1—11月份，社会消费品零售总额同比名义增长14.2%，比上年同期下降2.8个百分点；但扣除物价因素实际增长12%，增幅高于上年同期0.6个百分点。

从以上国际、国内经济看，随着欧债危机、新兴经济体增速普遍放缓，国际环境面临新的不确定性和复杂性对我国的经济增长速度造成了一定影响。而会展业作为经济发展的“风向标”，世界经济的盛衰、国际经济周期的震荡都会直接影响会展业的起伏。

在2012年世界商展100强中，其中德国57个展会，占57%；中国17个，占17%；意大利12个，占12%；法国6个，占6%；美国3个，占3%；俄罗斯、西班牙各2个，英国、瑞士各1个。中国的17个大展中，上海7席，北京5席，广州3席，福州1席，香港1席，比2011年增长了21%。（如表1—1所示）

表1—1 2012年世界商展100强排行榜

排名	名称	简称	面积（平方米）	国家	城市
1	慕尼黑国际工程机械、建筑机械、矿山机械、工程车辆及设备博览会展览会	Bauma	555 000	德国	慕尼黑
2	汉诺威工业博览会	HANNO-VER MESSE	392 700	德国	汉诺威
3	汉诺威国际农业机械展览会	AGRITE-CHNICA	380 200	德国	汉诺威

续 表

排名	名称	简称	面积（平方米）	国家	城市
4	拉斯维加斯工程机械展	CONEX-PO-CON/-AGG	338 000	美国	拉斯维加斯
5	意大利米兰供暖、空调、制冷、再生能源及太阳能展	MCE	325 000	意大利	米兰
6	法兰克福春季国际消费品博览会	Ambiente	319 300	德国	法兰克福
7	科隆世界食品博览会	Anuga	287 000	德国	科隆
8	欧洲机床展览会	EMO	286 000	德国	汉诺威
9	米兰国际家具展览会	I Saloni	285 000	意大利	米兰
10	汉诺威消费电子、信息及通信博览会	CeBIT	282 200	德国	汉诺威
11	法兰克福国际汽车零配件及售后服务展	Auto-mechanika	281 200	德国	法兰克福
12	巴黎国际工程机械展	INTER-MAT	280 000	法国	巴黎
13	科隆国际家具展	Imm Cologne	276 100	德国	科隆
14	世界医疗论坛国际展览会及会议	MEDICA	261 800	德国	杜塞尔多夫
15	杜塞尔多夫国际包装机械、包装及糖果机械展览会	Interpack	260 900	德国	杜塞尔多夫
16	杜塞尔多夫国际塑料及橡胶展览会	K	256 900	德国	杜塞尔多夫
17	法兰克福国际卫生取暖空调博览会	ISH	255 900	德国	法兰克福
18	中国国际工程机械、建材机械、工程车辆及设备博览会	Bauma China	254 800	中国	上海

续 表

排名	名称	简称	面积（平方米）	国家	城市
19	杜塞尔多夫德鲁巴展览会	Drupa	254 500	德国	杜塞尔多夫
20	法兰克福国际灯光照明及建筑技术与设备展览会	Light +Building	247 100	德国	法兰克福
21	维罗纳国际建筑机械及掘土设备展	SAMOT-ER	240 300	意大利	维罗纳
22	欧洲国际纺机机械展览会	ITMA	240 000	西班牙	巴塞罗那
23	法兰克福阿赫玛展览会	ACHEMA	237 000	德国	法兰克福
24	法兰克福国际汽车博览会	IAA	235 000	德国	法兰克福
25	上海国际汽车工业展览会	Auto Shanghai	230 000	中国	上海
26	汉诺威国际林业木工展览会	LIGNA HANNO-VER	225 000	德国	汉诺威
27	汉诺威商用车博览会	IAA	225 000	德国	汉诺威
28	巴黎博览会	Foire de Paris	220 000	法国	巴黎
29	巴黎国际食品展览会	SIAL	215 000	法国	巴黎
30	杜塞尔多夫国际船艇展览会	boot-Düsseldorf	214 200	德国	杜塞尔多夫
31	法兰克福国际家用纺织品展览会	Heimtextil	211 400	德国	法兰克福
32	巴黎国际建材及设备展	BATIMAT	210 000	法国	巴黎
33	慕尼黑国际环保、能源和资源综合利用博览会	IFAT EN-TSORGA	208 100	德国	慕尼黑
34	科隆国际体育用品、露营设备及园林生活博览会	Spoga +Gafa	202 000	德国	科隆
35	维罗纳国际石材展览会	MAR-MOMACC	202 000	意大利	维罗纳

续 表

排名	名称	简称	面积（平方米）	国家	城市
36	巴黎国际农牧业设备及技术展	SIMA	200 000	法国	巴黎
37	北京国际汽车展览会	Auto China	200 000	中国	北京
38	杜塞尔多夫国际零售业展览会	EuroShop	196 700	德国	杜塞尔多夫
39	中国（北京）国际工程机械建材机械及矿山机械展览与技术交流会	BICES	195 000	中国	北京
40	博洛尼亚国际美容展	COSMOPROF Worldwide	194 000	意大利	博罗尼亚
41	科隆国际摩托车和滑板车展览会	INTERMOT K? ln	183 800	德国	科隆
42	慕尼黑国际建材、建筑系统及建筑更新贸易博览会	BAU	182 100	德国	慕尼黑
43	意大利米兰马契夫国际商品博览会（米兰国际家用装饰品展览会）	MACEF	180 000	意大利	米兰
44	博洛尼亚国际农机及园艺机械展览会	EIMA INTERNATIONAL	180 000	意大利	博罗尼亚
45	中国（广州）国际汽车展览会	Auto Guangzhou	180 000	中国	广州
46	中国国际塑料橡胶工业展览会	CHINAPLAS	180 000	中国	广州
47	欧洲畜牧业展览会	EuroTier	179 900	德国	汉诺威
48	慕尼黑冬季国际体育用品及运动时装贸易博览会	Ispo	177 300	德国	慕尼黑

续 表

排名	名称	简称	面积（平方米）	国家	城市
49	法兰克福国际图书展览会	Frankfurt Book Fair	171 800	德国	法兰克福
50	美国消费类电子展	CES	170 000	美国	拉斯维加斯
51	德国太阳能展	Intersolar Europe	169 000	德国	慕尼黑
52	柏林国际消费类电子产品展览会	IFA	160 000	德国	柏林
53	巴塞尔世界	BASEL-WORLD	160 000	瑞士	巴塞尔
54	纽伦堡国际玩具展览会	Spiel-waren-messe	160 000	德国	纽伦堡
55	上海国际汽车零配件、维修检测诊断设备及服务用品展览会	Auto-mechanika Shanghai	160 000	中国	上海
56	柏林国际旅游展	ITB Berlin	158 200	德国	柏林
57	博洛尼亚国际建筑卫浴陶瓷展览会	CERSAIE	156 000	意大利	博罗尼亚
58	科隆国际家具生产、木工及室内装饰展	Interzum	152 400	德国	科隆
59	汉诺威地毯及地面铺装材料展览会	DOMO-TEX HANNO-VER	151 500	德国	汉诺威
60	莱比锡国际消防装备展览会	INTERS-CHUTZ	150 300	德国	莱比锡
61	科隆世界影像博览会	Photokina	150 000	德国	科隆
62	柏林—勃兰登堡国际航空航天展览会	ILA	150 000	德国	柏林
63	中国国际纺织面料及辅料博览会	Intertextile	150 000	中国	上海

续　表

排名	名称	简称	面积（平方米）	国家	城市
64	莫斯科国际建筑建材	Mosbuild	150 000	俄罗斯	莫斯科
65	意大利博洛尼亚国际汽车保养、轮胎及维修展览会	AUTO-PROMO-TEC	150 000	意大利	博罗尼亚
66	SNEC 国际太阳能产业及光伏工程（上海）展览会暨论坛	SNEC PV Power Expo	150 000	中国	上海
67	科隆国际牙科展	IDS	147 900	德国	科隆
68	汉诺威国际物流展览会	CeMAT Hannover	146 100	德国	汉诺威
69	纽伦堡国际门窗及技术展览会	Fensterbau/Frontale+HOLZ	144 300	德国	纽伦堡
70	慕尼黑国际电子元器件和组件博览会	Electronica	142 500	德国	慕尼黑
71	科隆国际五金工具博览会	International Hardware Fair	142 400	德国	科隆
72	柏林国际轨道交通技术展览会	InnoTrans	141 100	德国	柏林
73	意大利米兰国际摩托车展览会	EICMA MOTO	140 000	意大利	米兰
74	汉诺威国际金属板材加工技术展览会	EuroB-LECH	135 000	德国	汉诺威
75	杜塞尔多夫国际房车展	CARAVAN SALON DüSSELD-ORF	132 600	德国	杜塞尔多夫
76	慕尼黑国际饮料及液体食品技术博览会	Drinktec	132 500	德国	慕尼黑

续　表

排名	名称	简称	面积（平方米）	国家	城市
77	巴黎国际航空及航天展	International Paris Air Show	131 300	法国	巴黎
78	法兰克福秋季消费品博览会	Tendence	130 700	德国	法兰克福
79	香港珠宝首饰展览会	JGF	130 000	中国	香港
80	中国国际家用纺织品及辅料博览会	Intertextile Shanghai Home Textiles	126 500	中国	上海
81	中国国际医疗器械博览会	CMEF Spring	125 000	中国	福州
82	国际焙烤展	Iba	123 500	德国	杜塞尔多夫
83	杜塞尔多夫国际玻璃技术展览会	Glasstec	123 400	德国	杜塞尔多夫
84	欧洲自行车展览会	EURO-BIKE	120 800	德国	腓特烈港
85	法兰克福国际文具办公用品展览会	Paperworld	120 800	德国	法兰克福
86	维罗那国际太阳能及绿色建筑展	Solarexpo-Greenbuilding	120 000	意大利	维罗纳
87	科隆游戏展	Gamescom	120 000	德国	科隆
88	中国国际机床展览会	CIMT	120 000	中国	北京
89	柏林国际绿色周	International Green Week	118 400	德国	柏林
90	科隆国际食品技术展览会	Anuga FoodTec	116 700	德国	科隆
91	俄罗斯莫斯科国际建筑及工程机械展览会	CTT	116 200	俄罗斯	莫斯科

续　表

排名	名称	简称	面积（平方米）	国家	城市
92	杜塞尔多夫安全＋工作健康、个人保护设备及工业安全	A＋A	115 100	德国	杜塞尔多夫
93	芝加哥国际制造技术展览会	IMTS	111 500	美国	芝加哥
94	范堡罗航空航天展览会	Farnborough Airshow	110 500	英国	范堡罗
95	北京国际印刷技术展览会	CHI-NAPRINT	110 000	中国	北京
96	西班牙国际食品展览会	ALIMEN-TARIA	110 000	西班牙	巴塞罗那
97	米兰国际酒店餐饮展	Host	110 000	意大利	米兰
98	中国国际服装服饰博览会	CHIC	110 000	中国	北京
99	广州国际木工机械、家具配料展览会	Interzum Guangzhou	110 000	中国	广州
100	中国国际地面材料及铺装技术展览会	DOMO-TEX Asia/CHI-NAFLOOR	107 100	中国	上海

排行说明

1. 以世界范围内的展览为被选对象，以展览地毯面积为主要排行数据。

2. 范围限定在商业展览，以政府为背景、形象展示功能主导的展览不包括在内。

3. 展览是国际化的，所选展览国外展商数量要占展商总数量的20%以上。

4. 排名采用2011年12月31日前最近一届展览的数据。

5. 世界商展100大排行榜由进出口经理人杂志社独立研究发布，于2008年首次推出，2012年是第五次推出这一榜单。

第二章　2012 年中国会展业发展现状分析

国民经济和对外贸易的快速发展，为我国会展业的兴起和健康发展打下了良好基础。会展业已从规模化发展逐步转向专业化、品牌化、国际化。会展业以其强大的关联效应和经济带动作用，已逐渐发展成为我国促进经济和社会发展的新的产业亮点。

一、行业规模持续增长

根据商务部 2012 年有关会展行业数据汇总表中的全国会展业的规模、效益、贡献度三部分不完全统计、商务部服务贸易和商贸服务业司与全国会展工作委员会对各省市会展的数据统计及亚太会展研究评估中心定向会展城市数据统计，2012 年全国共举办展览7 813场，比 2011 年增加 14.3%；展出面积为9 098万平方米，比 2011 年增长 12%；50 人以上专业会议 72.6 万场，比 2011 年增加 13.1%；万人以上节庆活动 6.9 万场，比 2011 年增长 6.2%；出国境实施项目1 536个，参展企业 5 万家，展览面积 69.3 万平方米，比 2011 年增长 15.5%；提供社会就业岗位1 950万人次；直接产值3 587亿元人民币，比 2011 年增长 18.9%，占全国国内生产总值的 0.69%，占全国第三产业产值的 1.54%，拉动效应 3.2 万亿元人民币，比 2011 年增长 18.5%。

根据统计分析，2012 年北京、上海、广州三地的展览数量与面积增长幅度较大，三地共举办展览2 242场，比 2011 年增长 62.5%，占全国展览数量的 28.7%；展览面积为2 733万平方米，比 2011 年增长 8.3%，占全国展览面积的 30%，特别是上海展览面积已突破 1 000 万平方米。（如表 2—1 所示）

表 2—1　2012 年北京、上海、广州举办展览会统计表

项目＼地区	北京	上海	广州
展览数量（场）	1 059	806	377
展览面积（万平方米）	746	1 109	878

2012 年展览面积超过 200 万平方米的城市有所增加，从原来的 8 个增加到 9 个（新增长春、济南，减少武汉）。9 个城市共举办展览1 979场，比 2011 年增长 23%，占全国办展数量的 25.3%；展览面积为2 403万平方米，比 2011 年增长 21.2%，占全国展览面积的 26.4%。（如表 2—2 所示）

表 2—2　2012 年二线会展城市举办展览会统计表

项目＼地区	重庆	深圳	天津	成都	沈阳	宁波	长春	济南	杭州
展览数量（场）	521	116	203	154	209	190	238	155	193
展览面积（万平方米）	441	287	282	271	240	236	224	220	202

2012 年举办展览面积 100 万平方米以上的城市新增西安、哈尔滨、合肥、武汉、佛山，共举办展览1 670场，比 2011 年增长 16.1%，占全国办展数量的 21.4%；展览面积为1 661万平方米，比 2011 年增长 2%，占全国展览面积 18.3%。（如表 2—3 所示）

全国展览面积在 100 万平方米以上的会展城市共举办展览项目 5 891 场，比 2011 年增长 33%，占全国办展数量的 75.4%；展览面积为6 797万平方米，比 2011 年增长10.8%，占全国展览面积的 74.7%。除了以上重点定向统计外，县级城市会展活动异常活跃，如浙江的余姚、慈溪、绍兴县、永康；江苏的常熟、昆山；福建石狮等近 30 多个城市展览面积在 50 万平方米左右。

表 2—3　2012 年三线会展城市举办展览会统计表

项目＼地区	南京	西安	合肥	郑州	南昌	厦门	青岛	长沙	大连	哈尔滨	武汉	佛山
展览数量（场）	226	160	168	127	154	160	105	175	89	88	109	109
展览面积（万平方米）	194	182	150	144	142	138	137	135	117	117	103	102

从展会的类型分析，经贸类的占 66%，消费类的占 24%，文化及其他展示类的占 10%。从组展商分析，国有、集体、股份、联营企业等占 29%，民营及其他内资企业占 26%，港澳及外商投资企业占 5%，行业商（协）会占 26%，政府或事业单位占 14%。

我国会展经济经过 20 多年发展，从沿海发达地区逐步向中西部发展，从环渤海、长三角、珠三角三个会展经济圈，已向东北亚、中西北、南亚等区域扩展。到 2012 年止，我国已基本形成六个会展经济圈。(如表 2—4、2—5、2—6、2—7、2—8、2—9 所示)

表 2—4　2012 年环渤海会展经济圈统计表

项目＼地区	北京	天津	河北	山西	湖北	总计
展览数量（场）	1 059	203	253	81	109	1 705
展览面积（万平方米）	746	282	221.8	68.6	102.8	1 421.2

表2—5　2012年长三角会展经济圈统计表

地区 / 项目	上海	浙江	江苏	安徽	江西	山东	总计
展览数量（场）	806	711	550	234	154	609	3 064
展览面积（万平方米）	1 109	806	520	176	142	787.2	3 540.2

表2—6　2012年珠三角会展经济圈统计表

地区 / 项目	广东	福建	海南	总计
展览数量（场）	618	206	53	877
展览面积（万平方米）	1 364.4	215.4	56.3	1 636.1

表2—7　2012年东北亚会展经济圈统计表

地区 / 项目	黑龙江	吉林	辽宁	内蒙古	总计
展览数量（场）	109	238	314	99	760
展览面积（万平方米）	131.2	224	375.6	77.9	808.7

表2—8　2012年中西北会展经济圈统计表

地区 / 项目	四川	重庆	陕西	河南	青海	宁夏	甘肃	新疆	总计
展览数量（场）	154	521	160	146	13	16	41	43	1 094
展览面积（万平方米）	271	441.4	182	167	47.6	39.7	37.1	55	1 240.8

表2—9　2012年南亚会展经济圈统计表

地区 / 项目	云南	湖南	贵州	广西	总计
展览数量（场）	50	183	7	73	313
展览面积（万平方米）	142.4	176.5	4.6	127.1	450.6

根据以上统计，全国东部沿海地区会展业仍处于优先。以北京为龙头的环渤海会展经济圈，以上海为龙头的长三角会展经济圈，以广东为龙头的珠三角会展经济圈，2012 年共举办了5 646场展览会，占全国办展数量的 72.3%；展览面积为6 598万平方米，占全国展览面积的 72.5%。比较内陆地区的东北亚、中西北、南亚三个会展经济圈，2012 年共举办2 167场展览会，占全国办展数量的 27.7%；展览面积为2 500万平方米，占全国展览面积的 27.5%。但东北亚、中西北、南亚三个会展经济圈发展势头不减，一年比一年发展得快。

表 2—10　一线会展城市三年数据对比

地区 / 项目	2010		2011		2012	
	展览数量（场）	展览面积（万平方米）	展览数量（场）	展览面积（万平方米）	展览数量（场）	展览面积（万平方米）
北京	300	710	486	836	1 059	746
上海	384	804	674	953	806	1 109
广州	230	670	220	734	377	878

表 2—11　二线会展城市三年数据对比

地区 / 项目	2010		2011		2012	
	展览数量（场）	展览面积（万平方米）	展览数量（场）	展览面积（万平方米）	展览数量（场）	展览面积（万平方米）
深圳	100	205	102	256	116	287
天津	150	200	165	220	203	282
宁波	216	203	223	292	190	236
重庆	409	293	475	382	521	441
武汉	300	210	352	250	109	103
沈阳	110	248	143	220	209	240
杭州	156	168	168	201	193	202
成都	94	185	108	233	154	271
济南	137	153	141	199	155	220

表 2—12　三线会展城市三年数据对比

项目＼地区	2010		2011		2012	
	展览数量（场）	展览面积（万平方米）	展览数量（场）	展览面积（万平方米）	展览数量（场）	展览面积（万平方米）
南京	106	150	190	172	226	194
大连	100	101	100	100.5	89	117
南昌	110	100	130	120	154	142
长沙	—	—	121	128	175	135
厦门	147	108	149	126	160	138
长春	167	174	167	187	238	224
青岛	83	103	90	117	105	137
郑州	102	132	141	155	127	144
苏州	184	183	70	134	62	82
西安	142	121	151	135	160	182
武汉	61	169	—	—	109	103
合肥	—	—	163	140	168	150

表 2—13　全国会展业数据三年对比

项目＼地区	展览（场）	面积（万平方米）	会议（万场）	节庆（万场）	出展面积（万平方米）	就业（万人次）	直接收入（亿元）	占 GDP（%）	占第三产业（%）	拉动效应（万亿元）
2010	6 200	7 440	53	6.3	51.8	1 900	2 482	0.62%	1.45%	2.2
2011	6 830	8 120	64.2	6.5	60	1 980	3 016	0.64%	1.48%	2.7
2012	7 813	9 098	72.6	6.9	69.3	1 950	3 587	0.69%	1.54%	3.2

1. 全国展览场馆规模逐步扩增

2012 年全国共举办展会7 813场，涉及展馆 316 个，可销售面积为 484 万平方米。从数量上看，山东省展馆 32 座，居于首位；广东省展馆 30 座，居于次席；江苏省有 23 座展馆，列第三。

综合来看，除西藏外的 30 个省市中，拥有 10 座以上展馆的省、市 14 个，合计 241 座，约占全国展馆总数的 74.6%；拥有 5 座展馆的省、市 9 个，合计 68 座，占比约为 21.1%；拥有 2 个以上展馆的省、市 5 个，合计 12 座，占比约为 3.7%；拥有 1 个展馆的省份 2 个，合计 2 座，占比约为 0.6%。

从数量上看，会展城市中，北京和上海分别拥有 8 座以上展馆，是国内展馆数量最多的城市；广州拥有 5 座以上展馆，居于第二位；杭州、武汉、长沙、沈阳和天津分别拥有 3 座以上展馆，居于第三位。另外，还有南京等 16 个城市拥有 2 座展览馆，贵阳等 35 个城市拥有 1 座展馆。

从可供销售面积上看，广州展馆室内可供销售总面积约为 56 万平方米，约占全国总量的 12%，居于首位；上海可供销售总面积约为 24 万平方米，占比约为 5%，居于次席；北京可供销售总面积约为 20 万平方米，占比约为 4%，居于第三位。

全国有 4 个城市展馆室内可供销售总面积在 20 万平方米以上，分别是广州、上海、北京和武汉，合计可供销售总面积为 130 万平方米，约占全国供销售面积的 27%；有南京等 8 个城市可租用总面积在 10 万～20 万平方米之间，合计可租用总面积约为 101 万平方米，约占全国可租用总面积的 20%。

据不完全统计，2012 年，全国展馆共举办7 813场展会，总面积约为9 098万平方米。从展会数量上看，上海新国际博览中心举办 98 个，位居全国第一；上海光大会展中心举办 83 个，位居第二；深圳会展中心举办 81 个，位居第三。

从展会总面积看，2012 年，中国进出口商品交易会展馆总面积约为 650 万平方米，位居全国第一；上海新国际博览中心总面积约为 593 万平方米，位居第二；深圳会展中心总面积约为 265 万平方米，位居第三。（如表 2—14 所示）

表 2—14　2012 年中国十大展馆统计表

序号	展　览　馆	展览会总面积(平方米)
1	中国进出口商品交易会展馆	6 504 965
2	上海新国际博览中心	5 933 426
3	深圳会展中心	2 653 800
4	中国国际展览中心（新馆）	2 098 474
5	成都世纪城新国际会展中心	1 930 100
6	上海世博展览馆	1 726 168
7	中国国际展览中心（老馆）	1 400 159
8	青岛国际会展中心	1 221 800
9	广州保利世贸博览馆	1 135 104
10	沈阳国际展览中心	1 130 900

2. 会议产业方兴未艾

2012 年，中国会议产业据不完全统计，50 人以上专业会议已达 72.6 万场，比 2011 年增加 13.1%。仅北京市 2012 年接待会议 27.7 万场，参会人员达1 882.8万人次，虽然比前几年略有下降，发展还是比较快的。据国家会议中心总经理刘海莹分析，会议市场大体可以划分为政府、社团、商务三种类型。从国家会议中心 2010—2012 年承接的会议数量来看，商务会议占 60%，社团会议占 29%，政府会议占 11%；从收入来看，商务会议占 45%，社团会议占 41%，政府会议占 14%。这意味着，商务会议和社团会议是国家会议中心会议板块重点支撑。

以长城会主办的“全球移动互联网大会（GMIC)”为例，2009 年首次举办时，参会人数约为 500 人，而 2013 年第五届大会在国际会议中心举办时，单日参会人数突破一万人次，会议开幕当天，国家会议中心的大宴会厅、多功能厅、大会堂等多个会议室座无虚席。大会附带的8 000平方米展览区更是吸引了参会观众实时体验最新技术，即使在大堂，也随处可见佩戴着 GMIC 注册胸牌的人群。同时，预计 2014 年的 GMIC 无论会议规模还是展览规模将保持稳定增长，会议附带的展览面积将达到10 000平方米。

全球移动互联网大会这几年的高速发展，固然与行业的发展密不可分。但精彩的会议主题、行业领军人物的现身说法以及精彩的跨界合作使整个会议具有强大的核心竞争力和不可复制性，这也是该会议逐年壮大的根本原因。

国家会议中心刘海莹总经理不时地提醒国内的同行关注会议产业发展中新议题。

（1）绿色会展。他去德国法兰克福参加了“世界会议和奖励旅游展”（IMEX），三天的展期让他感受到国外会展届同行践行“绿色会展”的种种努力，尤其是展览主办方英国的 Regent House 展览公司，通过一系列环保节能措施为同行做出了表率。举个简单的例子，20％接送买家的大巴执行反怠速政策以节约燃油并减少废气排放（反怠速系指机动车辆在某个场所停车等候，引擎持续运转不得超过三分钟）；胸卡的挂绳是用废弃谷物的茎提炼出来的有机材料制成的，制作工艺中不含任何化学成分，且织物是可生物降解的；开幕式没有背景板，主题晚宴（Gala Dinner）也没有常见的精美背景板，都只是一块投影幕布悬挂在舞台中央；研讨会上不提供咖啡用的袋装糖，而把散糖放在碗里……诸多细节让人为之侧目，主办方的煞费苦心让人感觉到绿色会展的紧迫性。

实际上，绿色会展早就不再是一个口号，而是诸多业内企业正以实际行动付诸实施要达到的目标。正如通用电气公司的 CEO 伊梅尔特所说，“绿色就是盈利”。这同样适用于会展业，因此不要小看“绿色”话题。

（2）优质服务。还以“世界会议和奖励旅游展”（IMEX）为例，这个展的价格是标准摊位：每平方米 950 欧元＋19％的增值税，相当于每平方米人民币11 000元。一个 9 平方米的标准摊位租金便是99 000元，还不含射灯、桌椅、电，也就是说，展商还得另付钱租灯、桌椅和用电。光地的价格是约1 000元/平方米。如果再加上差旅费用，法兰克福酒店十分昂贵，因此参展 IMEX 的费用确实高昂。但业内知名企业悉数到场，尤其是大企业集团不惜重金装修，还在现场安排多次招待酒会，这是为什么呢？用“优质服务”四个字来表达，足矣。用全心全意服务来形容也不为过。举个例子，3 500家参展商，同时有主办方付费的3 700名专业买家，另有专业观众5 300人（含媒体记者）。事实上，这是一个令人振奋的数字，无论是参展商、专业观众还是媒体看到这个数字，都会有一种冲动：下次一定要去 IMEX。优质服务包含以下方面：精心组织买家和专业观众，展前和现场服务精细到位、顺畅，展览附带的论坛和展览保持高水准。作为一个新兴的产业，中国的会展经济正在进入它的成型期和繁荣期，虽然改革开放的时代背景为它提供了良好的市场环境，但会展业综合竞争力的提升还有赖于业界同仁共同努力。

参照其他机构公布的数据，《2011 年中国会议统计分析报告》公布的数字显示，在中国会议市场，公司会议占 54.1%，社团会议占 9.3%，政府会议和事业单位会议占 36.6%；普华永道国际会计公司（PWC）和美国会议产业委员会（CIC）调查结果显示，在美国会议市场，商务会议占 52%，社团会议占 25%，专业展会议占 12%，奖励旅游占 4%，其他会议占 7%；国际会议专家联盟（MPI）对英国会议市场的调查显示，企业会议占 81%，社团会议占 9%，NGO/NPO 会议占 6%，政府/公共服务会议占 4%。

3. 出国经贸展览取得重大突破

2012 年，出国经贸展览总面积已达到 69.3 万平方米，比 2011 年提高了 15.5%，标准展位 7.7 万个。这不仅是对外经济发展的需要，也是对外展示中国的政治、外交、文化的重要平台。

多年来，在党中央、国务院的正确领导和有关政府主管部门的大力支持及各组展单位、广大专业工作者的共同努力下，全国出国经贸展览事业呈现出数量稳步增长、质量大幅提升、实力显著增强、效益明显提高的良好发展势头，在展示我国综合实力和形象，扩大对外交流与合作等方面取得良好成绩。

中国国际贸易促进委员会在贸促展管［2013］0235 号文件中，通报表扬了 35 家 2011—2012 年度全国出国经贸展览工作优秀组展单位。（如表 2—15 所示）

表 2—15　2011—2012 年度全国出国经贸展览工作优秀组展单位

中国国际展览中心集团公司	西麦克国际展览有限责任公司
福建汇源国际商务会展有限公司	贸促会福建省委员会
中国机电产品进出口商会	长城国际展览有限责任公司
贸促会机械行业分会	中国对外贸易中心（集团）
贸促会浙江省分会	贸促会江苏省分会
远大国际展览有限公司	福建省福贸会展服务有限公司
贸促会电子信息行业分会	贸促会上海市分会
中国电子国际展览广告有限责任公司	中国华阳经贸集团有限公司
中国汽车工业国际合作总公司	上海国际服务贸易（集团）有限公司
中国医药保健品进出口商会	贸促会化工行业分会
中国轻工业对外经济技术合作公司	通用国际广告展览有限公司
浙江远大国际会展有限公司	中国食品土畜进出口商会
新时代国际展览有限公司	北方国际展览有限公司
商务部外贸发展事务局	贸促会广东省委员会
中国中纺集团公司	贸促会纺织行业分会
中国国际经济技术交流中心	广西壮族自治区商务厅
贸促会轻工行业分会	深圳市万博展览有限公司
贸促会湖南省分会	

过去两年，我国出国经贸展览工作保持了稳定的发展势头，出国展览数量和规模呈现平稳上升的发展态势。2012 年，经商务部会审，贸促会审批，全国 108 家组展单位共赴 64 个国家实施办展计划1 536项，比 2011 年增长 11.7%。其中参加国际博览会1 466项，占项目实施总量的 95%；举办单独展览会 70 项，占项目实施总量的 5%。全年出国办展净展出总面积 69.3 万平方米，比上年增长 14.5%。出国参展企业近 5 万家，比上年增长18.6%。出国展览目标市场表现出由欧美传统市场向新兴国家市场转移的趋势，产业市场表现出由消费品向资本货物转变，由劳

动密集型向技术密集型产业拓展的趋势。同时，出国展览项目中自主品牌展览效果进一步提升；办展主体范围不断扩大，并呈多元化发展趋势。

目前，出国展览工作中也出现了一些问题和困难，如组展单位在国际展览业的市场竞争力相对薄弱，出国展览的展示理念、效果和展品质量与国际博览会的整体水平相比存在差距，境外自办品牌展的发展不甚理想，境外展会知识产权工作状况仍需进一步改善。结合当前的外经贸工作形势和我国出国经贸展览工作实际，要求展览管理部门和组展单位转变思路，实现服务创新，在今后两年要着重做好以下几个方面的工作：一是继续深入实施以质取胜和市场多元化战略，扩大国际市场份额，促进我国对外贸易稳定发展。二是要促进贸易结构优化调整升级，通过出国参展和自办展增强我国高科技产品、高附加值产品和新兴产业商品的出口能力，提高外贸产品竞争力，加快形成出口竞争新优势，进一步为企业走出去做好服务工作。三是要积极实施品牌战略，努力培育并推广自主品牌展览会，提高出国展览的自主创新能力。四是要重点挖掘中西部地区外贸潜力，充分利用中央支持中西部发展的各项政策和措施，结合当地地缘优势和产业特色，合理布局，找准切入点，积极发展中亚、南亚、阿拉伯国家、俄罗斯等国家和地区的展览市场，逐步发挥中西部地区和边境口岸在推动全国外贸发展中的作用。五是要加强知识产权保护力度，利用知识产权制度来推动产品创新，提升中国商品在国际展览会上的形象。抓住机遇，充分利用参与和自办展二条腿走出去的方针，加快发展。特别是走出去自己办展，是出国展览发展的重大突破。经过20多年的发展，我国已逐步培养一批具有较高素质和组织能力的出展队伍，也培育了一批较好的自办展项目。如浙江出口商品大阪展，经过五年的精心培育，已成为我国最有影响、最有成就的自办出国展品牌。

浙江出口商品（大阪）交易会（以下简称“大阪展”）是由浙江省商务厅与日本大阪国际见本市委员会共同举办，自2008

年创办以来，每年秋季在日本大阪举行。该交易会已成功举办五届，展出净面积32 458平方米，共1 676个展位，1 119家企业参展，是迄今为止国内单个省份独立在日本举办的规模最大、成效较好的商品贸易展。

大阪展是浙江赴境外自创品牌、自主办展的首次尝试，是随着浙江省外贸企业开拓国际市场和企业经济转型升级的需要以及为适应出国展览的新形势应运而生。近年来，出国展览市场化步伐日益加快，竞争日益激烈，零打碎敲的参加境外展已经不能满足企业的需要。同时，为进一步巩固外贸出口传统市场，深度开发新的国际市场，加大对浙江省外贸企业的服务力度，创办自主品牌展显得十分迫切。特别是金融危机爆发以后，国际经济形势疲软，外商来华人数减少，外贸出口形势严峻。在此背景下，经全面调研，浙江省商务厅做出了赴日本举办出口商品交易会的重大决定。五年的事实证明，这个决策是明智的、正确的、成功的。

大阪展这个品牌是浙江省商务厅与日本大阪国际见本市委员会携手合作，共同培育出来的。日本大阪府相关机构对大阪展给予了大力支持，特别是直接合作方日本见本市委员会做了大量工作，尤其是在专业客商的邀请和落实上，他们诚实诚信，为展会的成功举办打下了坚实的基础。（如表2—16所示）

表2—16　浙江出口商品（大阪）交易会五年情况统计表

年份	面积（m^2）	展位数（个）	参展商（位）	观众（位）	买家（位）	成交（美元）	满意度（%）
2008	5 000	268	183	11 181	4 120	1 338万	66%
2009	7 000	367	263	13 055	5 000	1 623.9万	80.5%
2010	7 000	360	229	14 538	9 538	1 996万	79.2%
2011	6 729	328	216	14 605	9 705	1 526.36万	68%
2012	6 729	353	228	12 918	7 968	1 617.7万	95%

经过五年的精心培育，浙江出口商品（大阪）交易会展品种

类更加丰富多样，展品层次明显提升，服务水平和服务质量不断提高，展务服务工作更加成熟有序。2012 年参展商较 2008 年实际增加 45 家，同比增长 24.6%；买家由4 120位增长到7 968位，同比增长 93.4%。尤其值得一提的是 2012 年参展企业的满意度，比前几年有显著增加，达到 95%，展会知名度和影响力不断提升。

特别值得一提的是，2011 年的大阪展克服了日本地震核泄漏带来的负面影响，成功举办了第四届。2012 年的大阪展，为巩固提升“浙江制造”区域品牌，深度开拓日本市场，强化突出“浙江产品更适合您”这一主题，并着重强调三个“更加”，即更加注重宣传发动、更加注重客商质量和更加注重参展效益，克服了钓鱼岛事件带来的不利影响，得以成功顺利举办。本届展会面积共6 729平方米、标准展位 353 个、参展企业 228 家、参展商品 550 多个系列，连续参展的企业占 48%；四天展期共接待买家 7 968人次，到会日方专业客商4 950人，在不利条件下保持了以往正常水平，企业普遍感到满意。经过五年的精心培育，浙江出口商品（大阪）交易会展务工作更加成熟有序，深度开拓日本市场的效果逐步显现。

广东是我国对外经贸的前沿，对外贸易发展很快。为了适应形势，广东省贸促会选择赴境外自创品牌、自主办展的道路，是在竞争中求突围。这条路已经坚持走了 13 个年头。2000 年，面对我国展览行业市场化步伐加快，境外知名展览会摊位供不应求，并且逐步取消代理制，直接面对参展企业等等情况，广东省贸促会做出了在困境中突围，赴境外自主办展的重大决定。2001 年至 2002 年在柬埔寨金边举办了 2 届中国广东商品展览会；2002 年至 2008 年在越南胡志明市共举办了 7 届中国广东产品（越南）展览会；2004 年至 2012 年在印度孟买共举办了 10 届中国商品印度孟买展览会；另外还于 2010 年、2012 年分别在泰国曼谷、阿联酋沙迦举办了广东商品展览会。上述境外展览中，“印度展”坚持最久，目前已成为当地知名度很高的展览会和我国官方每年在印度举办的最大型经贸活动。“印度展”在我国企业开拓印度市场的过程中发挥了良好的平台作用。自广东省贸促会 2004 年 3 月创办首届“印度展”，即中国广东商品印度孟买展览会以来，累计已有1 195家/次的企业参展，合计总展出净面积 1 538个标准展位。从发展趋势看，中国商品印度孟买展览会仍处于成长阶段，有着良好的发展前途。

2004 年 3 月，广东省贸促会独立创立了“中国广东商品印度孟买展览会”；同年 12 月，在贸促会湖南省分会、厦门市分会的支持下，举办了第二届“印度展”，即中国华南商品印度孟买展览会；2005 年贸促会商业行业分会加盟后，开始了举办中国商品展览会的里程；2006 年和 2007 年，贸促会宁波市分会、杭州市分会分别以强大阵容加盟，极大地推动了“印度展”的发展；2009 年开始，中国贸促会的中国制造展览会与中国商品展览会同期同地举办，使“印度展”的规格和档次更高，规模更大，影响更为深远；2012 年在广东省招玉芳副省长的倡议下，香港贸易发展局和广东省外经贸厅也加盟主办；2013 年在王锦珍副会长的倡议下，澳门贸易投资促进局也将参与主办。至此，中国商品展览会已涵括内地及香港和澳门特别行政区，具有其他展览会无可比拟的代表性。

二、市场结构逐步优化

中国目前现有的展会大多为经济贸易类展会。据有关统计，2012 年，经贸类展会总面积为8 100万平方米，占中国全国展会总面积的 90%；全国 10 万平方米以上的大型展会已超过 90 个；信息产业、文化产业、服务业等新型行业展会数量增多，其中服务业展览会总面积已超过 900 万平方米，约占全国展览总面积的 10%。截至目前，中国内地获得国际展览业协会（UFI）认证的

国际性专业化展览会已达到 58 个，位居世界第四。（如表 2—17 所示）

表 2—17　中国获得 UFI 认证的国际性专业化展览会

序号	展览会	序号	展览会
1	上海国际汽车工业展览会	30	中国国际通信设备技术展览会
2	中国国际工程机械、建材机械、工程车辆及设备博览会	31	上海国际广告印刷包装纸业展览会
3	北京国际工程机械展览与技术交流会	32	中国（深圳）国际品牌服装服饰交易会
4	中国长春国际汽车博览会	33	深圳国际礼品、工艺品、钟表及家庭用品展览会
5	中国国际服装服饰博览会	34	深圳国际玩具及礼品展览会
6	中国国际投资贸易洽谈会	35	中国深圳国际机械及模具工业展览会
7	国际医疗仪器设备展览会	36	中国国际石材产品及石材技术装备展览会
8	北京国际印刷技术展览会	37	中国国际林业、木工机械与供应展览
9	国际制冷、空调、供暖、通风及食品冷冻加工展览会	38	义乌国际袜子、针织及服装工业展（香港）
10	中国东莞国际鞋展·鞋机展	39	华南国际印刷展（香港）
11	中国（深圳）国际钟表珠宝礼品展览会	40	中国国际电力展（香港）
12	中国国际医药（工业）展览会暨技术交流会	41	中国国际塑料橡胶工业展览会（香港）
13	中国国际机床工具展览会	42	顺德木工展（香港）
14	中国国际石油石化技术装备展览会	43	华南国际包装技术展（香港）
15	中国国际纺织机械展览会暨ITMA 亚洲展览会	44	中国国际线缆及线材展
16	中国国际安全生产及职业健康展览会	45	中国国际管材展

续 表

序号	展览会	序号	展览会
17	中国（大连）国际服装纺织品博览会	46	中国（上海）国际建材及室内装饰展览会
18	中国国际模具技术和设备展览会	47	中国国际染料工业暨有机颜料、纺织化学品展览会
19	中国国际地面材料及铺装技术展览会	48	中国（深圳）国际文化产业博览交易会
20	国际食品、饮料、酒店设备、餐饮设备、烘焙及服务展览	49	中国国际全印展—中国国际印刷技术及设备器材展
21	中国国际家具生产装潢与装饰机械及配件展览	50	中国国际社会公共安全产品博览会
22	中国国际高新技术成果交易会	51	深圳国际家具、家居饰品、家具配料展览会
23	国际名家具（东莞）展览会	52	中国国际家居博览会
24	广州（锦汉）家居用品及礼品展览会	53	亚洲国际流体机械展
25	锦汉纺织服装及面料展览会	54	中国国际中小企业博览会
26	中国国际铸造、锻造及工业炉展览会	55	中国（上海）国际建筑节能及新型建材展览会
27	多国仪器仪表学术会议暨展览会	56	中国（东莞）国际纺织制衣、鞋机鞋材工业技术展
28	中国国际加工、包装及印刷科技展览	57	中国国际光电博览会
29	中国国际流体机械展（新加坡）	58	中国义乌国际小商品博览会

三、专业展成为行业主流

政府、行业协会及各所有制企业，在中国展览市场中各显其能，所办展会各具特色。企业型办展主体数量多，但办展规模通常不大。行业协会举办展会多为本行业的专业展，经过多年市场沉淀，大多具有一定规模并在本行业具有较高的影响力。政府主要举办大型综合型展会，在配合国家经济外交政策、促进区域经济发展等方面发挥了重要作用。随着中国会展业市场步伐的加快，企业和行业协会举办的专业展会已成为行业主流，为中国会展业跨越式发展发挥了重要作用。

如全国糖酒商品交易会由中国糖业酒类集团公司主办的全国糖酒商品交易会，每年春秋两季举办两次。自 1955 年举办首届交易会以来，已经走过了 56 年的历史，至今已是第 87 届。糖酒会因其规模大、效果显著，因而被业界誉为“天下第一会”。

（1）规模大。参会企业达数千家，参展商品达数万种，近 3 000家相关企业参会展示，参会代表已突破 10 万人，展场面积突破 6 万平方米，成交额自 1992 年以后一般在 100 亿元人民币左右。

（2）作用大。参加糖酒会对于生产企业销售产品、购买原料等具有事半功倍的良好作用，很多其他种类食品的生产企业纷纷参会正是因为看到了这点。糖酒会富集信息、促进沟通的作用十分明显，短短几天会议，对于了解行情、认识市场、把握方向有十分显著的成效。糖酒会也对承办地的招商引资、食品工业和服务行业的发展、城市的管理和建设、地方财政收入等方面起到极大的推动作用。因此，争办全国糖酒会的城市越来越多，竞争也越来越激烈。

（3）影响大。“民以食为天”，糖酒会上交易的商品很多都是日常消费品，糖酒会的交易活动将直接影响到广大人民群众的日常生活。食品工业是我国的一大支柱产业，糖酒会的成效不仅影响商贸业而且也影响着数量庞大的食品加工业，继而影响第一产业。糖酒会以前主要是国有企业和集体企业参会，近几年来，已形成多种经济成分竞相参会的格局，特别是境外客商逐渐增多。全国糖酒商品交易会已显露出国际食品博览会的雏形。

2012年第87届全国糖酒商品交易会在福州举办，展览总面积达11.7万平方米，折合标准展位近6 000个，累计入场人数达20万人次。其中专业人士接近12万人次，专业观众到场率提高11%。此届交易会商品成交总额为199.59亿元人民币，其中，糖及糖制品成交总额为60.3亿元人民币，酒类成交总额为119.25亿元人民币，罐头类成交总额为17.38亿元人民币，食品机械类成交总额为2.66亿元人民币。

多年的实践表明，全国糖酒商品交易会符合社会主义市场经济的需要，它对于社会主义市场经济的建设和发展、培育大市场、发展大贸易、搞活大流通、加快食品和副食品行业的改革开放步伐、促进企业技术进步、促进产品的升级换代、创立名牌产品具有重要的推动作用。

随着综合国力的不断提升和基础设施的不断完善，中国的会展经济已经发展起来。中国会展业的发展，构成了我国现代服务业中一道亮丽的风景。

会展业作为绿色产业和朝阳产业而形成的会展经济，通过其强大的带动效应，促进城市多种相关产业的发展。会展经济不仅可以培育新兴产业群，还给交通、旅游、餐饮、广告、金融等带来巨大商机，并牵动第一、第二产业发展。会展经济不仅是一个带动旅游、商业、物流、通讯、餐饮、住宿等多方受益的产业，而且能够发展成为带动区域产业聚集的“动力引擎”，提升区域产业的品牌价值。产业关联系数高，使得会展业能全面带动城市资源运行，这也是它被看好的重要原因之一。会展经济发挥产业关联作用，往往很快形成集聚效果，进一步拓展城市的经济地域范围，大大加快了城市化的进程。会展业通过关联效应、扩散效应和集聚效应，带动建筑、旅游、餐饮、金融保险等其他产业的发展，使产业结构的发展顺着第一、二、三产业优势地位顺向递进的方向演进，顺着劳动密集型产业、资本密集型产业、技术（知识）密集型产业分别占优势地位的方向演进，使城市的产业结构向着更加合理化和高度化的方向发展，最终推动经济的整体发展。由此可见，会展业必将成为中国经济的重要组成。

从国际上看，在德国、美国、法国、英国、意大利、新加坡和我国香港等这些世界著名的“展览城”，会展业为其带来了大量客观的直接收益，促进了经济的繁荣。我国北京、上海、广州、深圳等地每年也通过举办各种大型会议和展览获得可观的收益。这种直接的经济利益加剧了国内各会展城市，以及国内会展城市同世界会展名城之间的竞争。

近年来，中国会展业的迅猛发展，离不开政府的支持。但是，商品市场的需求、中国特有的区位优势和历史机遇共同构成了中国会展业起步阶段的竞争优势。巨大的发展潜力和拓展空间，加之 2010 年中国上海申办世界博览会成功的利好消息，使得很多国际客户对中国非常关注。然而，由于体制问题、目标市场开拓能力及相关产业发展的滞后等问题，中国会展业的进一步发展面临着不少瓶颈。现阶段，要在一个相对较高的起点上进一步提高我国会展业的国际竞争能力，只有充分发挥市场配置资源的主导优势，以市场为依托，同时必须加强政府整体规划与协调，适时转变政府职能，完善会展业内部法制建设，建立一个完善的市场竞争机制，并注重配套产业的同步协调发展，才能进一步确立中国会展业所拥有的竞争优势，使其在全球化的竞争中拥有一席之地。

良好的效益、政府的重视引来越来越多的投资者加入这一产业，所以竞争变得愈发激烈。就以场馆提供方为例，2008 年中国共有大中型展馆 150 多座，室内可供销售展览面积超过 300 万平方米，而每年实际的使用率还不到 30％，这就造成了会展资源浪费。除了场馆供给过剩，中国会展业还面临品牌项目缺乏、产业链不够成熟、会展专业人才欠缺等诸多问题。随着中国经济的长足发展，在全球经济一体化的大背景下，中国会展业在经历了粗放式的大跨步之后，将很快实现从“量”的增长向“质”的提升转变，所以淘汰在所难免。竞争与合作使会展资源得到优化配置，促成出现一批具有专业水准和国际影响的品牌展览会，出现一批具有国际竞争力和现代企业制度健全的大型会展企业集团。竞争不是坏事，通过市场的选择，抛弃那些跟不上产业发展步伐的企业，留下更加强大的企业。这样才能保持中国会展业的活力。

第三章　2013年中国会展业发展趋势

中国会展业在快速发展的同时，还存在明显不足，与发达国家相比，还有一定差距。一是行业基础仍然薄弱。中国会展业起步较晚，法律法规相对滞后，行业规范不够完善，行业自律不足；公共服务体系有待建立。二是具有实力的办展主体数量不多，国际化市场化水平有待提高。三是品牌展会少，国际竞争力不强。中国展览业总体上还处于粗放型发展阶段，展会数量、展馆面积虽居世界前列，但能够充分利用国际国内两个市场、两种资源的具有较强国际竞争力的品牌展会并不多。

商务部高度重视会展业发展，在“十二五”规划纲要中明确提出“要促进会展业健康发展”。国务院有关领导曾多次就我国会展业发展问题做出重要指示和批示。在会展业发展过程中，进一步发挥市场在资源配置中的基础性作用，更加尊重企业和行业中介组织中的市场主体行为，引导建立行业协调自律机制，最大限度地激发会展业发展的内生活力，缩短与发达国家的差距，大家共同来发展和维护好会展业发展的良好局面。

一、夯实行业发展基础

按照商务部“合理布局、总量控制”的原则，完善展览业法律法规建设，加强对展览业的科学布局、结构调整和规范管理，引导各地区各行业立足实际、明确展览业发展定位，合理配置展览资源。完善标准体系，制订和推广经营服务、登记评定、从业人员资质和岗位规范等一批行业标准。完善公共信息服务体系，建立行业发展信息发布平台。

二、营造良好的会展业发展环境

加快政府职能转变，适度调控政府主导型展会，将政府职能尽快转移到规划、协调、管理和促进上来，为行业创造良好的市场环境，推进会展业向市场化、专业化方向发展。清理妨碍公平竞争的政策规定，坚决破除阻碍企业正常经营的“玻璃门”和“弹簧门”。下放管理权限，简化审批程序，完善网上审批制度。完善市场运行机制，倡导有序竞争。强化知识产权保护，推进行业信用体系建设，探索建立信用档案和违法违规单位信息披露制度，推动各部门共享监管信息。

三、以政策促进会展业集约化发展

针对中国办展机构“大而不强、多而不精”的状况，进一步完善引导支持展会的筛选条件和评估标准，进而规范引导支持展会的申报评审工作。鼓励展览企业与各行业组织开展合作，利用行业组织的资源和专业特长，精心培育专业展览品牌。鼓励本土骨干展览企业通过收购、兼并、控股、参股、联合等方式，打造具有较大规模和较强竞争力的企业集团，引进国际知名展会，促进会展业从粗放向集约、从外延到内涵发展。

四、引导建立行业自律机制

尽快成立全国性会展业行业协会，并充分发挥其“服务、协调、自律”作用，切实提高行业自律水平，做好政府与企业的桥梁，为政府决策提供支撑，为企业提供服务，为行业的科学发展发挥协调和自律作用。

五、产业融合将进一步创新发展

创新驱动、转型升级、科学发展是“十二五”时期中国社会和经济发展的主旋律和主格调，中国会展业需要借鉴国际会展业160多年的历史发展经验和优秀成果，借助2010年上海世博会成功举办的强劲东风，趁势前行。作为现代服务业重要组成部分的会展业，在促进信息交流、联系产销衔接、加强技术推广、推进各界合作方面，在促进中国的对外经济合作、对外经济贸易和外向型、开放型经济的发展方面，发挥着十分重要的作用，日益成为现代社会不可或缺的组成部分，成为城市宣传推介的平台，成为观测经济社会现状的重要窗口，成为转变经济发展方式的推动力量。

2012年，会展业的创新模式正在不断涌现，会展业与电子商务、文创产业、体育产业的融合，为会展业转型升级、创新发展带来了新机遇。例如会展业与旅游业的结合，使旅游类展会和会奖旅游成为会展业和旅游业的共赢平台。会展业与旅游业互相渗透，资源共享，平台共建，携手发展。会展业与文化产业的融合和交互，使文化产业呈现出勃勃生机，使文化会展业成为“十二五”规划中的热点之一。当前各类动漫展的办展热潮，正体现了文化创意产业与会展业的共赢发展趋势。

会展业的产业融合，还表现在会展业越来越成为国内各级政府、各类社会组织和各行各业、各类企业宣传自我品牌、提高自我形象的重要途径和形式，越来越成为社会大众乐于接受、喜闻乐见的重要平台和载体。全国各地各类节事节庆活动的创意举办，各式各类国际文化、体育活动、赛事的举办，人民群众日益提高的对精神文明和文化娱乐活动的内在要求和迫切愿望，也为会展业日益与人民群众的衣食文化、社会消费相互融合提供了广阔的发展前景。

只要我们具有了产业融合的意识，选准了产业融合的路径，加上创新创意的元素，辅之以必要的政策支持，就有可能通过产业融合，源源不断地形成一些新的产业、新的技术、新的业态、新的产品、新的服务、新的模式，从而推进会展业转型升级、创新发展。

六、绿色会展将成为发展趋势

近年来，会展业已经成为各地经济发展的重要引擎之一。会展业发展到今天，国内外会展有识之士都在探索新的会展发展模式，绿色会展无疑是会展业未来发展之潮流。在德国、美国、日本等发达国家，会展业本着遵循维护地球、永续经营的理念不断向前迈进。会展业的发展趋势将是更加重视环保，避免不必要的污染与浪费，还给地球纯净的空间。绿色会展的概念涵盖广泛，涉及采用大众运输、减少纸张印刷、少用纸杯、展览摊位的设施材质可回收等，这些都是当前备受关注的环保焦点。

目前，中国展览工程行业 80%以上采用了不可回收的一次性木材料，这样造成施工现场很多问题：装修污染最为突出，现场制作加工，产生大量废弃物，大量使用木材等一次性消耗材料，安全方面存在很大的隐患。“绿色展览”的全新理念深入人心，要求展览材料减少对展览现场的环境污染及对资源的浪费，最大程度减少现场的废弃物。对新材料的要求是：材料能够循环利用，最后能重新回收进行再生产。绿色环保是中国展览工程发展史上的一场革命，如今的展览工程企业正在从随意制作转变到标准化制作（数字模式、积木式）；从一次性使用转变到重复性使用（提高使用价值，节省资源）；从污染环境转变到绿色环保（构建展览绿色环境，保护参展人员健康）。

会展业是产业发展的平台和驱动力，而绿色会展将成为未来展会的发展趋势之一。绿色会展业的不断壮大必将对全人类的生活方式和行为产生极其深远的影响。

绿色会展要还给地球纯净的空间。绿色会展要引领人类可持续发展，从会展整个产业链上倡导低碳生活，注重物品循环节能功效，让人类在大自然中不断追求绿色和蓝色的回归。

我国经济的持续、健康、稳定发展，既对会展业提出了更高的要求，也将为会展业发展提供良好的基础条件。我国有雄厚的制造业、世界领先的对外贸易总量和日益增长的消费需求。展望未来，我国会展业成长空间可观，发展前景广阔。这是全国会展界和国际会展界的共同机遇。建议国家间开展更加广泛和深入的国际交流，探讨与重点国家建立政府间合作机制，在信息、统计、标准、人员培训等方面进行深入合作。鼓励国外先进会展企业把先进的办展理念、管理经验、行业服务手段带到中国，支持国际优质品牌展会落户中国；引导有条件的中国自主品牌展会走出国门，以“中国展览”向世界推介“中国制造”，为世界提供“中国服务”。

第四章　中华人民共和国国内贸易行业标准（会展行业）

中华人民共和国商务部在2013年第1号公告中公布了51项国内贸易行业标准编号、名称及实施日期，其中会展行业标准有四项，分别为SB/T 10358—2012《专业性展览会等级的划分及评定》、SB/T 10851—2012《会议中心运营服务规范》、SB/T 10852—2012《展览场馆运营服务规范》、SB/T 10853—2012《展览服务（布展工程）单位经营服务规范》，实施日期为2013年7月1日。

一、专业性展览会等级的划分及评定

1. 范围

本标准规定了对专业性展览会等级划分和评定的原则、要求和方法。

本标准适用于在中国境内举办的以经济贸易活动为目的的专业性展览会的等级划分及评定。

2. 规范性引用文件

下列文件对于本文件的应用是必不可少的。凡是注日期的引用文件，仅注日期的版本适用于本文件。凡是不注日期的引用文件，其最新版本（包括所有的修改单）适用于本文件。

GB/T 19001　质量管理体系　要求

GB/T 28001　职业健康安全管理体系　要求

3. 术语和定义

下列术语和定义适用于本文件。

3.1

专业性展览会　professional exhibition (show, fair, exposition)

在固定或规定的地点、规定的日期和期限内，由主办者组织、若干参展商参与的通过展示促进产品、服务的推广和信息、技术交流的社会活动。

3.2

特殊装修展位　raw space with special decoration

由参展商自行或委托专业机构专门设计并特别装修的展览位置及其所覆盖的面积。

3.3

展出净面积　exhibition net area

专业性展览会用于展出的展位面积总和。以平方米（m^2）表示。

3.4

特殊装修展位面积比　ratio of area for special booth

特殊装修展位面积总和与展出净面积的比值。以百分比（%）表示。

3.5

参展商　exhibitor

参加展览并租用展位的组织或个人。

3.6

专业观众　professional visitor

从事专业性展览会上所展示产品的设计、开发、生产、销售、服务的观众，以及用户观众。

注：这里所指的产品可以是有形的产品（如机械零件），也

可以是无形的产品（如软件、服务等）。

3.7

等级 grade

用于划分专业性展览会质量差异的级别设定。用英文大写字母 AAA、AA、A 表示。

4. 等级的划分、依据和评定方式

4.1 专业性展览会的等级评定分为三个级别，由高到低依次为 AAA 级、AA 级、A 级。

4.2 等级的划分是以专业性展览会的主要构成要素为依据，包括：展览面积、参展商、观众、展览的连续性、参展商满意率和相关活动等方面。

4.3 专业性展览会等级的具体评定标准，按照附录 A 执行。

4.4 专业性展览会的等级是由评定机构依据统一的评定标准及方法评定产生，其评定结果表示该专业性展览会当前的等级状况，有效期为 3 年。具体的评定方式按专业性展览会评定机构制定的评定程序和评定实施细则执行。

4.5 评定机构以文本的形式提出专业性展览会的等级，并出具由评定机构签章的专业性展览会等级证明文书。

4.6 专业性展览会等级证明文书应清晰列明专业性展览会的等级、专业性展览会的名称、专业性展览会主办（承办）方、连续举办届数、有效期限等。

4.7 专业性展览会等级的评定采取自愿的原则，主办（承办）方按有关程序向评定机构提出申请，由评定机构予以评定。

5. 安全、卫生、环境和建筑的要求

专业性展览会举办场馆的建筑、附属设施和管理应符合现行的国家、行业和地方的消防、安全、卫生、环境保护等有关法规和标准。

6. 专业性展览会等级评定条件

6.1 AAA 级

6.1.1 展览面积

6.1.1.1　展出净面积不少于 10 000m²。

6.1.1.2　特殊装修展位面积比至少达到 50%。

6.1.2　参展商

行业内骨干企业参展展位面积与展出净面积的比值不少于 20%。

6.1.3　观众

展览期间专业观众人次与观众总人次的比值不少于 60%。

6.1.4　展览的连续性

同一个专业性展览会连续举办不少于 6 次。

6.1.5　参展商满意率

参展商满意率的评价按“参展商满意率调查表”的调查结果进行，其中总体评价结论为“很满意”和“满意”的数量总和，应不低于参商总数的 80%。

6.1.6　相关活动

专业性展览会期间组织与专业性展览会主题相关的活动。

6.2　AA 级

6.2.1　展览面积

6.2.1.1　展出净面积不少于 8 000m²。

6.2.1.2　特殊装修展位面积比至少达到 40%。

6.2.2　参展商

行业内骨干企业参展展位面积与展出净面积的比值不少于 10%。

6.2.3　观众

展览期间专业观众人次与观众总人次的比值不少于 50%。

6.2.4　展览的连续性

同一个专业性展览会连续举办不少于 4 次。

6.2.5　参展商满意率

参展商满意率的评价按“参展商满意率调查表”的调查结果进行，其中总体评价结论为“很满意”和“满意”的数量总和，应不低于参展商总数的 75%。

6.2.6　相关活动

专业性展览会期间组织与专业性展览会主题相关的活动。

6.3　A 级

6.3.1　展览面积

6.3.1.1　展出净面积不少于 5 000m^2。

6.3.1.2　特殊装修展位面积比至少达到 30%。

6.3.2　参展商

行业内骨干企业参展展位面积与展出净面积的比值不少于 5%。

6.3.3　观众

展览期间专业观众人次与观众总人次的比值不少于 40%。

6.3.4　展览的连续性

同一个专业性展览会连续举办不少于 3 次。

6.3.5　参展商满意率

参展商满意率的评价按“参展商满意率调查表”的调查结果进行，其中总体评价结论为“很满意”和“满意”的数量总和，应不低于参展商总数的 70%。

6.3.6　相关活动

专业性展览会期间组织与专业性展览会主题相关的活动。

7. 专业性展览会等级评定附加项

7.1　负责专业性展览会具体组织管理工作的主办（承办）方通过 GB/T 19001 质量管理体系认证。

7.2　展馆方通过 GB/T 19001 质量管理体系认证、GB/T 28001 职业健康安全管理体系认证。

7.3　装修和搭建的主要承办方通过 GB/T 19001 质量管理体系认证、GB/T 28001 职业健康安全管理体系认证。

7.4　展览运输的主要承办方通过 GB/T 19001 质量管理体系认证、GB/T 28001 职业健康安全管理体系认证。

注：专业性展览会等级评定附加项不作为专业性展览会等级评定的必要条件，达到的项目在评定时可以加分。

附 录 A

（规范性附录）

专业性展览会等级的划分及评定标准

A.1 评分说明			
A.1.1 本标准满分为720分			
A.1.2 各等级应达到的最低分数			
AAA级：650分			
AA级：530分			
A级：430分			
A.2 评分标准	各大项的得分汇总栏	各分项的得分汇总栏	计分栏
A.2.1 展出净面积及特殊装修展位面积比	100		
A.2.1.1 展出净面积不少于10 000m^2		50	50
展出净面积不少于8 000m^2			40
展出净面积不少于5 000m^2			30
展出净面积不少于3 000m^2			20
A.2.1.2 特殊装修展位面积比不少50%		50	50
特殊装修展位面积比不少40%			40
特殊装修展位面积比不少30%			30
A.2.2 参展商	70		
行业内骨干企业参展展位面积与展出净面积的比值不少于40%		70	70
行业内骨干企业参展展位面积与展出净面积的比值不少于30%			50
行业内骨干企业参展展位面积与展出净面积的比值不少于20%			40
行业内骨干企业参展展位面积与展出净面积的比值不少于10%			30
A.2.3 观众	150		
展览期间专业观众人次与观众总人次的比值不少于80%		150	150

续　表

展览期间专业观众人次与观众总人次的比值不少于70%			135
展览期间专业观众人次与观众总人次的比值不少于60%			120
展览期间专业观众人次与观众总人次的比值不少于50%			100
展览期间专业观众人次与观众总人次的比值不少于40%			80
A.2.4 展览的连续性	50		
同个专业性展览会连续举办不少于6次			50
同个专业性展览会连续举办不少于4次			40
同个专业性展览会连续举办不少于3次			30
A.2.5 参展商满意率	150		
参展商满意率调查表中对展览会的总体评价结论为“很满意”和“满意”的数量总和不低于参展商总数的85%			150
参展商满意率调查表中对展览会的总体评价结论为“很满意”和“满意”的数量总和不低于参展商总数的80%			120
参展商满意率调查表中对展览会的总体评价结论为“很满意”和“满意”的数量总和不低于参展商总数的75%			90
参展商满意率调查表中对展览会的总体评价结论为“很满意”和“满意”的数量总和不低于参展商总数的70%			70

续 表

A. 2. 6 相关活动	80		
展览期间组织与展览会主题相关的各种活动			80
A. 2. 7 附加评定项	120		
A. 2.7.1 主办（承办）方通过 GB/T 19001 质量管理体系认证			20
A. 2. 7. 2 展馆方通过 GB/T 19001 质量管理体系认证			20
A. 2.7.3 展馆方通过 GB/T 28001 职业健康安全管理体系认证			20
A. 2. 7. 4 装修和搭建的主要承办方通过 GB/T 19001 质量管理体系认证			15
A. 2. 7. 5 装修和搭建的主要承办方通过 GB/T 28001 职业健康安全管理体系认证			15
A. 2. 7. 6 展览运输的主要承办方通过 GB/T 19001 质量管理体系认证			15
A. 2. 7. 7 展览运输的主要承办方通过 GB/T 28001 职业健康安全管理体系认证			15

二、会议中心运营服务规范

1. 范围

本标准规定了会议中心运营服务应具备的基本要求、内部部门设置、功能设置及配套设施、安全管理及服务管理等方面的要求。

本标准适用于提供会议中心运营服务的组织机构。

2. 规范性引用文件

下列文件对于本文件的应用是必不可少的。凡是注日期的引用文件，仅注日期的版本适用于本文件。凡是不注日期的引用文件，其最新版本（包括所有的修改单）适用于本文件。

GB2894 安全标志及其使用导则

GB/T 10001.1 标志用公共信息图形符号 第1部分：通用符号

GB 13495 消防安全标志

GB/T 19001 质量管理体系 要求

GB/T 28001 职业健康安全管理体系 要求

GB 50222 建筑内部装修设计防火规范

GA 654 人员密集场所消防安全管理

SB/T 10426 餐饮企业经营规范

3. 基本要求

3.1 资质要求

3.1.1 应具有独立法人资格，能够承担民事责任。

3.1.2 应自有或租赁有与经营规模相适应的会议中心场地及相关设施。

3.1.3 应符合国家有关安全、消防、食品、卫生、防疫、环保、节约、规划等法律法规的要求。

3.1.4 应有健全的生产经营组织结构和规章制度。

3.1.5 具有承担会议组织活动风险的能力。鼓励通过GB/T 19001、GB/T 28001等管理体系认证。

3.2 安全要求

3.2.1 应符合GA 654规定的要求。

3.2.2 应设置疏散通道、安全出口、消防车通道、应急广播、应急照明等应急设施，并应配有显著、醒目的疏散指示标志，标志应符合GB 2894和GB 13495的规定。

3.2.3 会议中心所有出入口、主要通道、重要会议室、停车场出入口以及卸货区等处均应安装监控摄像机，不得存在盲区。

3.2.4　应配置监控设备、安检门或X光物品检测仪等安全检测仪器。

3.2.5　消防设施应符合GB 50222的要求。

3.2.6　应建立和健全安全管理制度和安全保卫工作方案，并建立有效的执行和监督机制。

4. 内部部门设置及主要职责

运营服务单位内部宜设置以下部门，或设置和以下部门职责类似的部门。

4.1　会议销售部

4.1.1　负责会议中心的销售工作，完成总经理赋予的销售任务。

4.1.2　定期对市场环境进行调查分析，及时调整销售策略和销售价格，确保完成销售计划。

4.1.3　负责合同的谈判与签订。

4.1.4　定期和不定期拜访重点客户，及时了解和处理问题。

4.2　项目协调部

4.2.1　与销售人员进行信息交接，充分了解活动信息及主（承）办单位的需求。

4.2.2　与主（承）办单位充分沟通，并与主（承）办单位、各相关部门召开协调会，掌握需求细节，制定会议服务方案，保障客户需求的落实。

4.2.3　协助主（承）办单位、布展工程公司、参展商查看场地，并帮助主（承）办单位制定进馆、撤馆计划。

4.2.4　活动召开期间，协助主（承）办单位协调现场出现的问题，保证搭建、展览、会议、餐饮等各项活动的顺利进行。

4.2.5　活动结束后，与主（承）办单位核对账单，并根据要求做好汇总、统计、分析、存档工作，最终形成会议活动小结。

4.3 工程部

4.3.1 负责会议中心水、电、气、空调及所有硬件的维修维护工作，保证设备设施的正常运行，确保会议中心日常工作顺利开展和所有活动的安全进行。

4.3.2 配合安保部、现场施工管理部门检查现场的施工情况，纠正不符合作业规定和安全生产要求的行为。

4.3.3 依据主（承）办单位及参会人员的需要，提供电话线、网线及光纤的接驳、AV灯光音响、投影、吊挂、舞台搭建等服务。

4.3.4 建立7×24小时值班制度，明确值班人员和值班时间。

4.4 安保部

4.4.1 建立、健全保安、交通、消防、安全生产等各方面的规章制度，并监督落实。

4.4.2 进行安全检查，发现安全隐患及时通知相关部门或相关人员进行整改直至隐患消除。

4.4.3 加强治安巡查，维护会议中心的安全环境，保障公共财产、个人财产安全及参会人员和工作人员的人身安全。

4.4.4 制定完善的会议中心管理区内的交通管制方案，指挥交通，引导车辆的指引和停放。

4.4.5 建立7×24小时值班制度，明确值班人员和值班时间。

4.5 财务部

4.5.1 编制财务计划，监督、检查计划的执行情况。

4.5.2 做好经济预算，控制成本费用。

4.5.3 加强财务分析，提供决策参考。

4.5.4 坚持会计监督，维护财经纪律。

5. 功能设置及配套设施

5.1 会议场地

5.1.1 应具备与经营规模相适应的规格不等的各类会议场地，如报告厅、多功能厅、大宴会厅、中小型会议室、贵宾室等，且各类会议场地的数量、类型、功能结构合理。

5.1.2 灯具配置合理，实行分区光控，且满足可调控性要求，灯具色温应满足摄像摄影要求。

5.1.3 应具备足够的插座、网络接口、视频接口等基本设施。

5.1.4 可根据会议主（承）办单位需求提供服务物品，服务物品包括但不限于：投影仪、幕布、写字板、音响设备、鲜花绿植、杯具。

5.1.5 具有独立的温控系统。

5.2 大宴会厅

5.2.1 应具备与经营规模、接待能力相适应的大宴会厅。

5.2.2 应设置序厅、衣帽间、贵宾室、音像控制室、公共化妆间、厨房或备餐间、单独的出入口。

5.2.3 宜设置隔断墙，可根据主（承）办单位的需求将宴会厅分割或至少两个独立区域。

5.2.4 宜设备大尺寸货门，且有货梯直达。

5.3 中小型会议室

5.3.1 数量相当，各不同规模的会议室数量保持适当比例。

5.3.2 相邻会议室中间应设置隔音设施，避免相互干扰。

5.3.3 宜安装固定的投影屏幕和投影仪。

5.3.4 宜配备展架、挂镜线、挂钩等。

5.4 贵宾室

5.4.1 可根据主（承）办单位的需要提供贵宾室。

5.4.2 宜设置单独门厅和通道，并有独立的卫生间和服务间。

5.5 展览场地

5.5.1 应具有与经营规模、接待能力相适应的展览场地。

5.5.2　室内展览场地应具备一定层高，地面能够承受较重的负载。

5.5.3　展览场地内部应布局合理，标识应规范、准确、齐全、醒目，符合 GB 2894 的规定。

5.5.4　能提供举办展览的相关服务，相关服务包括但不限于：展场布置、设备设施租赁。

5.6　商务中心

5.6.1　应配备网络、传真、打字、复印、装订、国际和国内长途直拨电话等设备。

5.6.2　保证至少有一台电脑安装英文操作系统。

5.6.3　宜配备十人以下（含十人）小型会议室。

5.6.4　应配备旅游、票务、商务咨询、零售区等服务项目。

5.7　出入口

5.7.1　分别设置货物进出、工作人员和参会人员出入的通道。

5.7.2　设备紧急出口或安全出口，出口标志必须清楚醒目，应符合 GB 2894 和 GB 13495 的规定。

5.8　通道

5.8.1　通道宽度应考虑人流、物流、防火和安全需要等因素。

5.8.2　宜设置服务通道和客人通道。

5.8.3　应设置紧急通道和消防通道。

5.8.4　所有通道应保证畅通，不允许货物、废弃物等堆放在通道上。

5.8.5　宜设置残障人士专用通道。

5.9　停车场

5.9.1　布局合理、规模适当、设施完善，分设机动车进出口与人员通道。

5.9.2　应有规范、显著的交通指示标志，如车场进出标志、限速标志、限高标志、方向标志等。

5.9.3　在停车场内应配备必要的安全防范设备，如监控系统、防爆设备、防火设备等。

5.10　电梯

5.10.1　在人流密集区安装足够的自动手扶电梯，根据现场流量情况确定电梯运送方式。

5.10.2　合理配置电梯和楼梯组合。

5.10.3　应设置货物运输电梯，所有货物必须通过货物电梯运输，禁止用自动扶梯和客梯运送货物、设备或家具等。

5.10.4　宜设置食品专用电梯。

5.11　信息标志

5.11.1　应具备功能明确的指示系统，如指路标、导视牌、会议室分布图、楼层分布图、展位分布图，并为主（承）办单位预留展会指示系统空间。

5.11.2　标志应规范、准确、醒目，并符合 GB/T 10001.1 的规定。

5.12　其他设备设施

5.12.1　根据主（承）办单位的要求，配备会议视音频系统，如大屏幕投影系统、同声传译系统、电子表决系统，并预留电话会议和视频会议接口。

5.12.2　音响设备应实现无线麦克不受外部干扰，有线麦克防杂音，音响布置科学，声音均匀。

5.12.3　配备满足多种需要的专业灯光系统，可按需要配备灯架。

5.12.4　配备广告牌、灯箱、彩旗、充气拱门以及气球、汽艇等宣传设施。

6. 安全管理

6.1　治安管理

6.1.1　活动或会议开始前，对会场进行安全检查，确保疏散通道及安全出口通畅、安全标识系统完善、对讲机、手电等协助疏散用品有效；并提前了解参会人数，在疏散出口及重要位置安排数量适当的安保人员。

6.1.2　活动或会议进行时，做好参会人员的安检工作，防止无关外来人员的进入；加强安全巡查，关注群体集散安全，排查不法活动迹象，保障参会人员的人身财产安全。

6.1.3　活动或会议结束后，协助主（承）办单位及时清查，发现客人遗留物品及时通知主（承）办单位。

6.1.4　应建立安全预警机制，发生刑事、治安案件或者意外灾害事故时，应采取应急措施，并配合公安部门进行处理。

6.2　消防管理

6.2.1　应按规定配置消防设施和器材、设置消防安全标志，定期对消防设施和器材进行检查和维护保养，确保消防设施和器材的完好、有效。

6.2.2　应配备消防安全管理员，所有工作人员应掌握消防安全知识。

6.2.3　监督并检查主（承）办单位使用的装修、装饰材料是否符合消防安全要求。

6.2.4　应进行日常行防火检查，消除火情隐患。

6.3　施工管理

6.3.1　施工人员应在指定范围内作业。

6.3.2　应对施工过程的安全、消防、作业规范和出入人员进行全程监督，对违规情况进行整改跟踪。

6.3.3　控制施工的噪声影响。

6.3.4　应与施工单位签订施工安全责任书。

6.4　保密服务

6.4.1　应根据会议级别制定相应的保密措施。

6.4.2　应对参与服务的工作人员进行保密教育，明确会议工作人员的保密纪律、责任和义务，确定会议保密工作的责任人。

6.4.3 活动或会议开始前，协助主（承）办单位对会议场地及将要提供会议使用的通信、办公、扩音设备的保密性能进行安全保密检查。

6.4.4 会议或活动进行时，协助主（承）办单位清理无关人员，巡视检查有无违反保密规定、保密纪律的行为和泄密隐患。

6.4.5 会议或活动结束后，协助主（承）办单位对会场进行检查，防止遗留会议文件、资料和其他物品。

7. 服务管理

7.1 服务人员要求

7.1.1 应具备所从事岗位的基本业务技能。

7.1.2 应遵守服务人员服务规范，按规定的服务流程进行操作。

7.2 会前服务

7.2.1 应按照主（承）办单位要求进行会议现场布置，现场布置包括但不限于：会议舞台、摆放鲜花绿植、可控麦克风、杯具、毛巾、纸笔、桌签等工作。

7.2.2 按照主（承）办单位要求安装投影设备，调试话筒效果，调节空调温度。

7.2.3 会议召开前，应按照任务单的内容对会场进行逐一检查。

7.2.4 会议召开前，应完成设备设施的调试检测。

7.3 会中服务

7.3.1 根据会议规模配备相应的服务人员。

7.3.2 服务人员应在参会人员入场及退场时，提前站立于会议室门口或指定位置迎送参会人员。

7.3.3 根据会议服务需求或会议流程提供音响伴奏或灯光照明。

7.3.4 对参会的老、幼、病、残、孕等人员提供特殊服务。

7.3.5　举办国际会议时，可提供同声传译设施。

7.4　会后服务

7.4.1　检查会场是否有遗失物品，如有遗失应立即还送给客人，如未能送还，应及时上缴，做好记录，并通知主（承）办单位。

7.4.2　检查会场及相关的物品是否有缺失或损坏，及时报告相关负责人。

7.4.3　回收并检查租借、调用的物品，检查有无缺失或损坏，做好相应记录。

7.4.4　回收可重复使用的会议用品，清点数量并记录，清点桌椅、地面等，将座牌、桌椅等归位。

7.4.5　履行合同结算工作。

7.4.6　收集客户满意度调查表、参会人员意见征询表，对客户小结归档；汇总各模块在会议期间工作的总结，通过分析研究，形成项目经理的最终工作总结。

7.5　餐饮服务

7.5.1　应具有与经营规模相适应的餐饮接待能力，可根据会议或活动的要求，提供宴会、酒会、冷餐会、中西式套餐、自助餐等餐饮服务。

7.5.2　应执行餐饮行业相关规范，如 SB/T 10426 等。

7.5.3　应确保饮食安全。为会议或活动提供的餐饮应经过卫生防疫部门的许可，食品留样 24 小时。

7.6　现场保洁管理

7.6.1　应保持会场内外环境整洁，地面无废弃物。

7.6.2　应每天对地面、墙面和为客人提供的公共用品（如电梯扶手、柜台、门把手和水龙头等）进行清洁、消毒，特殊时期还要对会议中心内部进行空气消毒。

7.6.3　会议中心内应张贴醒目的禁烟标志，禁止吸烟。有条件的会议中心可设置吸烟室，吸烟室要及时清扫，避免烟头、烟灰污染其他地方。

三、展览场馆运营服务规范

1. 范围

本标准规定了展览场馆运营服务应具备的基本要求、安全要求、内部部门设置、功能设置及配套设施、工程管理、现场管理、配套服务等方面的要求。

本标准适用于提供展览场馆运营服务的组织机构。

2. 规范性引用文件

下列文件对于本文件的应用是必不可少的。凡是注日期的引用文件，仅注日期的版本适用于本文件。凡是不注日期的引用文件，其最新版本（包括所有的修改单）适用于本文件。

GB 2894　安全标志及其使用导则

GB/T 10001.1　标志用公共信息图形符号　第1部分：通用符号

GB 13495　消防安全标志

GB/T 17242　投诉处理指南

GB/T 19001　质量管理体系　要求

GB/T 28001　职业健康安全管理体系　要求

GB 50034　建筑照明设计标准

GB 50222　建筑内部装修设计防火规范

GA 654　人员密集场所消防安全管理

JGJ 64　饮食建筑设计规范

3. 基本要求

3.1　资质要求

3.1.1　应具有独立法人资格，能够承担民事责任。

3.1.2　应自有或租赁与展会规模相适应的展厅及相关设施。

3.1.3　应有健全的生产经营组织结构和规章制度。

3.1.4　具有承担展览组织活动风险的能力。鼓励通过 GB/T 19001、GB/T 28001 等管理体系认证。

3.1.5　展馆的建筑及运行管理应符合国家消防、安全、卫生、环境保护等有关法规和标准。

3.2　安全要求

3.2.1　应符合 GA 654 的规定。

3.2.2　应设置疏散通道、安全出口、消防车通道、应急广播、应急照明等应急设施，并配有显著、醒目的疏散指示标志，标志应符合 GB 2894 和 GB 13495 的规定。

3.2.3　场馆所有展厅出入口、主要通道、贵重展品贮存库、停车场出入口以及卸货区等处均应安装监控摄像机，不得存在盲区。

3.2.4　应配置监控设备、安检门或 X 光物品检测仪等安全检测仪器。

3.2.5　应按规定配置消防设施和器材、设置消防安全标志，并配备消防安全管理员，定期对消防设施和器材进行检查和维护保养，加强对易燃易爆物品、灯光、电线等物品的安全管理，确保会场的消防安全。

3.2.6　应建立和健全安全管理制度和安全保卫工作方案，并建立有效的执行和监督机制。

4. 内部部门设置及主要职责

运营服务单位内部宜设置以下部门，或设置和以下部门职责类似的部门。

4.1　销售部

4.1.1　负责场馆的销售工作，完成总经理赋予的销售任务。

4.1.2　定期对市场环境进行调查分析，及时调整销售策略和销售价格，确保完成销售计划。

4.1.3　负责销售合同的谈判与签订。

4.1.4　定期和不定期拜访重点客户，及时了解和处理问题。

4.2　运营协调部

4.2.1　合同签订后，与销售人员进行信息交接，充分了解展览及相关活动信息及主（承）办单位的需求。

4.2.2　协助主（承）办单位制定《参展指南》，组织召开有主（承）办单位和服务商参加的展前协调会。

4.2.3　协助主（承）办单位、布展工程公司、参展商查看场地，并帮助主（承）办单位制定进馆、撤馆计划。

4.2.4　协助主（承）办单位办理公安、消防等部门的报批手续。

4.2.5　协助主（承）办单位协调现场出现的问题，保证布展工程、展览、会议、餐饮等各项活动的顺利进行。

4.2.6　负责收集整理、分析展会数据和会议记录等资料，做好归档工作，完成展会承接工作总结。

4.3　展览现场部

4.3.1　展会前期，按照场馆规定对各参展单位的展台设计图纸进行审核，对布展工程面积及证件需求进行统计，办理布展工程施工证、车证等各种证件，与主场布展工程单位签订安全责任书。

4.3.2　施工期间，配合安保部、工程部监督、检查展览现场的布展工程施工情况，纠正不符合作业规定和安全生产要求的行为。

4.3.3　开展期间，安排巡视检查人员，排除现场可能出现的各种安全隐患，发生突发事件应及时处理。

4.3.4　撤馆期间，负责撤展管理工作，检查场地，撤展完毕后验收场馆。

4.4　工程部

4.4.1　负责场馆内水、电、气、空调、照明及所有硬件的维修维护工作，保证设备设施的正常运行，确保场馆日常工作顺利开展和所有展会安全进行。

4.4.2 按主（承）办单位和参展商申请提供水、电、气接驳服务。

4.4.3 配合安保部、展览现场部监督检查展览现场的施工情况，纠正不符合作业规定和安全生产要求的行为。

4.4.4 依据主（承）办单位或参展商的需要，提供电话线、网线及光纤接驳、AV灯光音响、投影、吊挂、舞台搭建等服务。

4.4.5 应建立7×24小时值班制度，明确值班人员和值班时间。

4.5 安保部

4.5.1 建立、健全保安、交通、消防、安全生产等各方面的规章制度，监督、检查施工单位的执行情况。

4.5.2 配合工程部、展览现场部监督、检查展览现场的施工情况，纠正不符合作业规定和安全生产要求的行为。

4.5.3 进行治安巡查，保障公共财产、个人财产安全及参展人员和工作人员的人身安全。

4.5.4 进行消防安全检查，防止消防火灾事故发生。

4.5.5 制定完善的场馆管理区内的交通管制方案，指挥交通，引导车辆的指引和停放。

4.5.6 应建立7×24小时值班制度，明确值班人员和值班时间。

4.6 财务部

4.6.1 编制财务计划，监督、检查计划的执行情况。

4.6.2 做好经济预算，控制成本费用。

4.6.3 加强财务分析，提供决策参考。

4.6.4 坚持会计监督，维护财经纪律。

4.6.5 安排人员在规定的服务点位收取和退回费用。

5. 功能设置及配套设施

5.1 展厅场地

5.1.1 装修设计应符合 GB 50222 的规定。

5.1.2 标识应规范、准确、齐全、醒目，符合 GB 2894 的规定。

5.1.3 设计布局应便于展品布置、宜采用无柱大空间。

5.1.4 具有一定层高，以满足较高设备的安装。

5.1.5 地面设计规格通常基于一层 5 t/m^2，其他楼层 0.5 t/m^2～1.5 t/m^2 的负载量。

5.1.6 应设置吊点以满足悬挂结构或物件的需要。

5.2 会议室

5.2.1 具有与经营规模、接待能力相适应的规格不等的大、中、小型会议室或演讲厅。

5.2.2 根据会议需求，可提供服务物品。可提供的服务用品包括但不限于：投影仪、幕布、写字板、音响设备、鲜花绿植、杯具。

5.3 贵宾室

5.3.1 可根据主（承）办单位的需要提供贵宾室。

5.3.2 贵宾室宜设置单独门厅，并有独立的卫生间和服务间。

5.4 出入口

5.4.1 具备展品进出和工作人员、参展人员出入的通道，应做到人流物流分开、工作人员和参展人员分开。

5.4.2 应设置紧急出口或安全出口，出口标志必须清楚醒目，应符合 GB 2894 和 GB 13495 的规定。

5.5 通道

5.5.1 宽度应考虑人流、物流、防火和安全等因素；一般主通道宽度不应小于 4.5 m，其他通道不应小于 3 m。

5.5.2 应保证畅通，不允许展品、废弃物等堆放在通道上。

5.5.3 应设置紧急通道和消防通道，并保证畅通。

5.5.4　宜设置残障人士专用通道。

5.6　卸货区

5.6.1　宜设在室内，或有顶棚的室外。

5.6.2　区域要足够大，以利于多辆货车同时卸货、装货，能满足 5t 以下（含 5t）的货车掉头。

5.6.3　配备便于布展、撤展和货物运输的运输、装卸设备和设施。

5.6.4　货门要足够宽，能满足大型展览展示物品或货车进入展厅。

5.7　停车场

5.7.1　布局合理、规模适当、设施完善，分析机动车进出口与人员通道。

5.7.2　应有规范、显著的交通指示标志，如车场进出标志、限速标志、限高标志、方向标志等。

5.7.3　应配备安全防范设备，如监控系统、防爆设备、防火设备等。

5.8　商务中心

5.8.1　应配备网络、传真、打字、复印、装订、国际和国内长途直拨电话等设备。

5.8.2　应具有旅游、票务、商务咨询、零售区等服务项目。

5.8.3　保证至少有一台电脑安装英文操作系统。

5.8.4　宜配备十人以下（含十人）小型会议室。

5.9　广播设施

5.9.1　应配备在展会期间播放背景音乐、展会通知及紧急事件通知的广播音响设施。

5.9.2　广播系统要有足够的声压级，声音清晰，声场均匀。

5.9.3　广播系统要有优先控制功能。紧急事件发生，消防和保卫室优先控制广播系统，强制进行应急广播。

5.10　信息标志

5.10.1　应具备功能明确的指示系统，如指路标、导视牌、展室牌、展馆分布图、楼层分布图、展位分布图，并为举办单位预留展会指示系统空间。

5.10.2　标志应规范、准确、醒目，并符合 GB/T 10001.1 的规定。

5.11　其他设备设施

5.11.1　配备数量适宜的办公室、洽谈室、展览服务中心、休息室等。

5.11.2　应配备供主（承）办单位、主场布展工程商、货运服务商、海关、商检、动植检疫、卫生检查、知识产权、公关等部门使用的临时办公场所。

5.11.3　宜配备供主（承）办单位或参展商使用的专门库房，以用于存放先行抵达的展品、资料等物资或存放撤展后等待物流公司来收取的展品，也可用于存放展会期间展品的包装箱。

5.11.4　宜配备参展商用于宣传展品及企业形象的广告牌、灯箱、彩旗、充气拱门以及气球、汽艇等设施。

6. 工程管理

6.1　为展位服务的公共设施

6.1.1　公共服务设施包括但不限于：电箱或三相电源插座、电话和电脑线、压缩空气、饮用水、排水和燃料供应。

6.1.2　应设置地下管沟，方便设备管线的排布、管理、维修以及调整。

6.1.3　管线和电缆的位置、标识、阀门和开关应符合安全要求。

6.2　照明设施

6.2.1　应符合 GB 50034 的要求。

6.2.2　应在配电房、水泵房、消防中心、重要办公室与会议室、疏散走道等设应急照明灯，在疏散通道及公共出口设疏散指示标志灯。

6.2.3　应对所有标准摊位的照明及电源安装提供服务。

6.3　通信系统

6.3.1　根据展会主（承）办单位或参展商的要求，可在展位、会议室、办公用房等场所提供直线电话、国际直拨电话。

6.3.2　在地下层及其他移动通信盲区，宜设置移动通信中继收发设备。

6.4　供电

6.4.1　应保证供电系统满足不同展会活动的电力要求。

6.4.2　展厅内应设有足够的电源接口和插头。

6.4.3　场馆运营单位应对展厅用电及安装灯箱提前审核，审核合格后，派出专门电工指导装接电源。

6.4.4　展厅内使用的电器应符合安全要求和场馆运行方的要求，电器安装时应保证线路连接可靠，并充分考虑通风及散热，不得与易燃物直接接触。

6.5　电梯

6.5.1　在人流密集区安装足够的自动手扶电梯，实际使用时，根据具体流量情况确定电梯不同的运送方式。

6.5.2　应设置货物运输电梯，大宗、大件展品或货物应通过货物电梯运输，禁止用自动扶梯和客梯运送货物、设备或家具等。

6.5.3　宜设置食品专用电梯。

7. 现场管理

7.1　主（承）办单位进场

7.1.1　审核主（承）办单位递交的法人执照、展会批文、消防批准文件及治安批准文件。

7.1.2　审核展位平面图及展位设计图，并保证其符合场馆安全管理规定。

7.1.3　与主（承）办单位签订（治安、消防、施工）安全责任书。

7.2　施工单位进场

7.2.1　审核或配合主场布展工程商审核展览工程设计方、施工方的资质。

7.2.2　审查或配合主场布展工程商审查展位结构、材料、安全用电等项目，审查合格后发放施工证，所有施工单位凭证方可进场。

7.2.3　与施工单位签订施工安全责任书。

7.3　布展工程

7.3.1　在场馆进行的布展工程工作包括但不限于：展位画线、地毯铺设、参展商报道和进场、展位搭建协调、现场施工管理和验收、展位楣板的制作、现场安全保卫、消防和安全检查、现场清洁和布展垃圾的处理。

7.3.2　应对布展工程实施过程的安全、消防、作业规范和出入人员进行全程监督，对违规情况进行整改跟踪。

7.4　开展

7.4.1　全程监督展会开馆前的各项工作，协调展会开幕式环节中的相关事宜。

7.4.2　展会控制包括但不限于：观展线路、人流量、各展位情况；应对突发事件的处理，保证展会现场的安全、有序；做好过程中的沟通、协调、记录工作。

7.4.3　闭馆前，应在保证安全的前提下，切断水电气、安全门及通道的锁闭；并保证展会夜间的安全。

7.5　撤展

7.5.1　在场馆的撤展工作包括但不限于：展位的拆除、参展商租用展览器材的退还、参展商展品的处理和回运、场馆的清洁和撤展安全保卫等。

7.5.2　场馆运营方应监督参展商或承建商按规定的程序进行展位的拆除，并检验场馆设施设备是否有损坏。

7.5.3　场馆运营方宜督促参展商将临时租用的展览器材及时退还场馆，并应对所有出馆展品进行查验。

7.5.4　场馆运营方或指定的布展工程商宜在撤展结束后6 h内处理完场馆内的垃圾。

7.5.5　履行合同结算工作。

7.6　交通管理

7.6.1　展会活动开始前，应就活动期间的交通问题与当地交管部门进行沟通，并取得交管部门的支持。

7.6.2　统一发放“车辆通行证”，无“车辆通行证”的车辆一律不允许进入场馆区。

7.6.3　在重要的道路出口和交叉路口设置清楚、明显且足够多的指示信号灯和指示标牌，引导车辆按规定的路线行驶。

7.6.4　设计车辆行驶路线时，应把人流和车流分开。

7.7　现场保洁管理

7.7.1　应随时保持场馆内外环境整洁，地面无废弃物，及时清除场内的所有垃圾和污垢。

7.7.2　每天展会闭馆后，应对地面、墙面和为客人提供的公共用品（如电梯扶手、柜台、门把手和水龙头等）进行清洁、消毒；特殊时期应对场馆内部进行空气消毒。

7.7.3　场馆内应张贴醒目的禁烟标志，有条件的场馆宜设置吸烟室，吸烟室应及时清扫，避免烟头、烟灰污染其他地方。

7.8　现场安全管理

7.8.1　协助主（承）办单位制定安全、保卫方案，并保障方案的实施。

7.8.2　展台设计、制作及安装应符合安全操作要求，无安全隐患。

7.8.3　布展基本结束后（一般在开幕的前一天），场馆运营方应会同主（承）办单位以及公安消防部门，组织以防火为主的安全大检查，对查出的隐患应立即进行整改。

7.8.4　展会期间加强巡视，维护参展人员的人身及财产安全。

7.8.5　针对活动特点，制定公共卫生、治安事件、设施设备突发故障等各项突发事件应急响应预案。

8. 配套服务

8.1　信息咨询服务

8.1.1 设置信息咨询台，要求信息咨询台的工作人员能详细解答参展人员提出的展位布置、场馆所提供的服务、当地旅游景点、展馆周边交通、住宿、就餐、购物等方面的问题。

8.1.2 咨询台应配置足够的信息资料以供参展人员索取，信息资料宜准备多种语言版本。

8.2 物品寄存或保管服务

8.2.1 应提供保管箱服务，用于衣帽存放和小件物品寄存。

8.2.2 严格办理寄存手续，严格按照手续要求存放和提取物品，并说明贵重物品丢失的免责范围。

8.2.3 严格检查存放的物品，不得寄存有毒有害品、易燃易爆品、具有腐蚀性的物品。

8.3 餐饮服务

8.3.1 宜提供包括快餐服务、咖啡厅服务、饮用水供应、小食品售卖等多种形式的餐饮服务。

8.3.2 餐厅和厨房的建筑设计应符合 JGJ 64 的规定。

8.3.3 应确保饮食安全。为展会活动提供的餐饮应经过卫生防疫部门的许可，食品留样 24 h。

8.3.4 餐饮工作人员应持卫生健康证上岗。

8.4 投诉与意见反馈

8.4.1 定期或不定期收集和整理各方的反馈意见和建议，按照 GB/T 17242 的要求，建立完善的客户投诉处理制度。

8.4.2 处理顾客意见或建议时应积极热情、认真及时、记录完整。

8.5 网络和信息服务

8.5.1 应配备智能化网络信息系统，并宜提供包括无线宽带网、有线宽带网在内的多种上网服务。

8.5.2 应保证活动期间网络运行质量，确保网络安全、畅通、稳定。

四、展览服务（布展工程）单位经营服务规范

1．范围

本标准规定了展览布展工程单位经营服务的术语和定义、基本要求、设施环境、质量要求及质量保证与监督。

本标准适用于国内提供展览布展工程服务的组织机构。

提供会议布展工程的组织机构可参照此标准执行。

2．规范性引用文件

下列文件对于本文件的应用是必不可少的。凡是注日期的引用文件，仅注日期的版本适用于本文件。凡是不注日期的引用文件，其最新版本（包括所有的修改单）适用于本文件。

GB/T 18883　室内空气质量标准

GB 50222　建筑内部装修设计防火规范

3．术语和定义

下列术语和定义适用于本文件。

3.1

布展工程　move-in

对展览会中展示空间的策划、设计和实现，承担形象广告宣传，空间展示的设计和搭建。

3.2

主场服务商　official service provider

由展览会组织机构指定并委托，负责布展整体协调以及其他具体展览事项的组织机构。

4．资质要求

4.1　具有独立法人资格，并拥有固定的办公场所。

4.2　具有相应的管理团队、设计团队、实施团队和工厂设施。

4.3　具有完善的管理制度。管理制度包括但不限于：

a）设计管理制度；

b）施工管理制度；

c）进度管理制度；

d）安全管理制度；

e）风险管理制度；

4.4　拥有获得国家资质认证的相关技术人员。

4.5　具有承担展览会布展工程活动相应经济风险的能力。

5. 布展工程服务基本要求

5.1　遵守依法经营、尊重知识产权的原则。

5.2　应有为展览会参与者提供服务的操作流程和应急响应预案等文件。

5.3　应具有符合国家对环境和职业健康要求的管理体系。

5.4　应具有与展览服务项目相适应的质量管理体系。

5.5　能提供和保障服务对象要求的展示效果和现场服务。

6. 布展工程过程的具体服务要求

布展工程过程应依次包括如下内容：策划和设计、申报、搭建、现场维护、拆撤。

6.1　策划和设计

6.1.1　根据与展览会组织者或参展商的协议，提出具体方案，并能取得同意。

6.1.2　对展示空间的设计和实现应符合 GB 50222 的规定要求。

6.2　申报

6.2.1　向组展机构或其指定机构提交所需的文件。

6.2.2　向场馆机构提交所需的文件。

6.2.3　向相关行政管理机构提供所需的文件。

6.3　搭建

6.3.1　进场施工的相关技术人员，应持有国家认可的资质证书。

相关技术人员包括但不限于以下人员：电工、钳工、管道工、架子工。

6.3.2　进场施工人员不得携带任何易燃、易爆、有毒物品、危险品及腐蚀物质进馆施工。

易燃、易爆、有毒物品、危险品及腐蚀物质包括但不限于：酒精、稀料、汽油。

6.3.3　不得在场馆内进行明火作业，不得在场馆内进行喷漆作业。

6.3.4　布展所用的材料应符合消防要求，同时应符合相应的环保标准。

6.3.5　严格按国家有关安全规定进行施工。

6.3.6　展示空间的空气质量应符合 GB/T 18883 的规定和要求。

6.3.7　开展前，布展工程单位应将展台打扫干净并清理所有的垃圾或委托专业保洁公司保持展台清洁。

6.4　现场维护

6.4.1　展览会中，主场服务商和布展工程单位均应留有现场安全负责人和专职人员现场值班，并佩戴明显标志，进行安全巡查。

6.4.2　展览期间，如需对展台进行现场进行补充作业，应在所有安全防护措施到位的情况下，并取得主场服务商和场馆方的同意后，在现场安全监督员的监督下进行。

安全防护包括但不限于：

a）保证现场秩序正常；

b）保证现场观众、参展商人员等人身安全；

c）设立作业隔离区。

6.5　拆撤

6.5.1　应按组展方规定的时间开始拆撤。

6.5.2　拆撤前，应保证参展商展品安全撤出。

6.5.3　拆撤时，应保证现场人员人身安全。

6.5.4　拆撤后，场馆设施应恢复至其原貌。

6.5.5　拆撤所产生的垃圾应进行可回收利用和不可回收利用分类处理；所产生的垃圾应清理出场馆，并运送到指定地点。

7. 布展工程材料的循环使用和节能环保要求

布展工程单位宜使用可循环和节能环保的布展材料。

宜使用的可循环和节能环保的布展材料，包括但不限于：

a）地毯；

b）系统组件；

c）道具；

d）灯具。

第二部分

区 域 报 告

第五章　2012年北京市会展业发展报告

一、北京会展业实现从量到质的转变

北京市统计局/国家统计局北京调查总队
张勇顺、姜峰

2012年，京交会、文博会等一系列展会的举办进一步促进了首都文化创意产业的发展。各类综合型和专业型展会为企业开拓市场搭建了良好平台。北京会展业也从单纯的规模扩张步入内涵、规模和效益并重的发展新阶段。

（一）会展业整体保持稳定健康发展态势

由于北京具有独特的首都优势，许多重要国际会议、大型论坛和重要展览选择在北京举办。中国的国际影响力越来越大也给北京带来了更多的机遇。在全球经济低迷时期，北京会展业仍然保持健康快速发展。

1. 经营状况良好，内部结构调整优化

2012年，北京会展业继续保持稳定健康发展态势，规模以上会展单位①实现直接会展收入 250.7 亿元，比 2011 年增长 12.4%（增速为可比口径，下同），高于全市规模以上第三产业法人单位收入增速 0.8 个百分点。伴随首都经济调结构、转方式的不断进行，会展业也在进行着内部调整优化。2012 年，会议收入、展览收入和奖励旅游收入分别为 137.8 亿元、95.9 亿元和 16.9 亿元，同比分别增长 9.9%、15.2%和 18.6%。展览收入和奖励旅游收入所占比重分别比上年提高 0.9 个和 0.4 个百分点。（如图 5—1 所示）

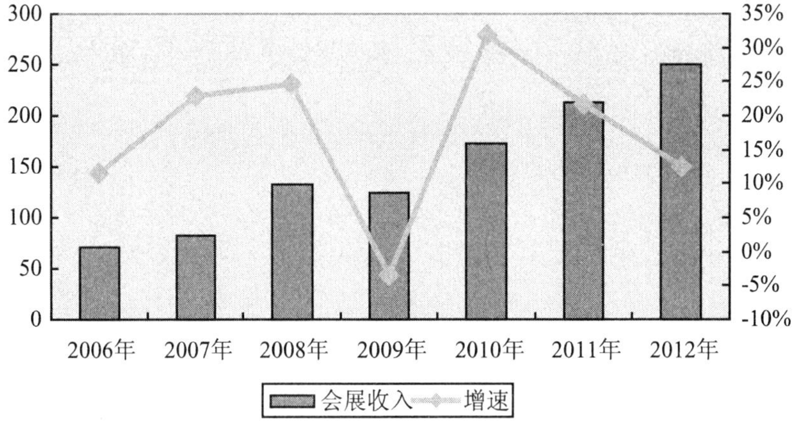

图 5—1　2006—2012 年北京会展收入变化情况（单位：亿元）

作为会展业主体部分的专业会展举办或服务单位的会展收入较 2011 年增长 18.7%，利润较 2011 年增长 14.4%，盈利状况良好，亏损面 19.5%，低于第三产业亏损面 7.8 个百分点。盈利能力、资产质量、债务风险和经营状况总体处于良好水平。（如表5—1所示）

① 包括年营业收入（收入合计）100 万元以上的会议及展览服务业法人单位；年营业收入 500 万元及以上的旅行社；公安局备案的展会举办单位；各展览场馆；星级饭店、星级饭店以外限额以上住宿业法人单位。

表5—1　2012年北京会展业与第三产业财务指标对比

单位：%

财务比率	会展服务单位	第三产业	全国国企全行业标准值			
	实际值	实际值	优秀值	良好值	平均值	较低值
主营业务利润率	14.8	20.8	19.4	12.9	8.0	1.2
总资产报酬率	6.4	1.9	8.3	6.1	4.1	0.4
总资产周转率(次)	2.1	0.1	1.6	1.0	0.5	0.3
资产负债率	68.2	80.9	43.5	54.0	64.0	79.5
速动比率	117.6	99.0	134.9	98.2	75.0	57.6
销售(营业)增长率	22.2	348.6	21.7	14.6	9.8	−3.3
资本积累率	10.5	31.2	30.5	16.4	7.3	−5.5

注：全国国企全行业标准值摘自国务院国资委财务监督与考核评价局《企业绩效评价标准值》（2013年3月）。

2. 精简办会成潮流，办会质量显著提升

中央关于“开短会”的要求得到了贯彻。2012年，全市规模以上会展单位共接待会议27.7万个，比上年下降了2.1%；会议时长进一步压缩，过夜会议（居住一夜以上的会议）数量比2011年减少了5%；在会议数量和时长压缩的同时，规模也进行了有效控制，全年参加会议人数为1 882.8万人次，比2011年下降了3.3%。由此也使得北京会议设施的使用效率小幅降低，2012年，会议室白天和夜间使用率均比2011年下降了0.4个百分点。

在可有可无的会议被精简的情况下，上规模、有档次的大型和中型会议获得了更多资源。部分会议被整合，会议收入有较大提升，平均每个会议收入由2011年的4.4万元提高到2012年的5万元。国际会议更为突出，2012年，北京接待国际会议数量虽然比2011年下降7.4%，但参加国际会议（与会者来自3个或3个以上的国家或地区）的人数比2011年增长了4.5%，平均每个国际会议接待99.5人次，比2011年增长12.9%；平均每个国际会议收入13.6万元，比2011年增长

12.7%。在数量和规模压缩的同时，接待会议的收益保持稳定增长。

在国际大会与会议协会（简称“ICCA”）发布的2012年接待国际会议[①]数量的全球城市排名中，北京位居第13名[②]，举办会议数量占中国大陆会议数量（311个，同口径）的35%，稳居中国大陆第1位、亚洲第2位。（如表5—2所示）

表5—2 ICCA 2012年举办国际会议数量前20名城市

单位：个

排名	城市	会议数量	排名	城市	会议数量
1	维也纳	195	12	斯德哥尔摩	110
2	巴黎	181	13	北京	109
3	柏林	172	14	布鲁塞尔	107
4	马德里	164	15	里斯本	106
5	巴塞罗那	154	16	曼谷	105
6	伦敦	150	17	赫尔辛基	100
7	新加坡	150	17	首尔	100
8	哥本哈根	137	19	布宜诺斯艾利斯	99
9	伊斯坦布尔	128	20	布达佩斯	98
10	阿姆斯特丹	122	20	罗马	98
11	布拉格	112	—	—	—

3. 小型展览挤出效应明显，展览效益有所增加

2012年，在全球经济低迷时期，许多企业面临收入增长放缓和成本费用上涨过快的压力，为节约开支，减少或放弃了一些小型展览。各会展场馆接待展览1 059个，比2011年减少19.3%。其中，小型展览[③] 865个，比2011年减少24.1%；在小型展览减少

① ICCA统计的会议是国际协会组织的在3个以上国家定期轮办的具有一定规模（50人以上）的会议。

② http：//www.iccaworld.com.

③ 小型展览系指展览面积1万（不含）平方米以下的展览。

的同时，中、大型展览不降反增，其中，中型展览[①]增长 8.2%，大型展览[②]增长 53.3%，处于历史最高水平。平均每个展览收入 905.9 万元，比 2011 年增长 42.8%。平均每个展览的观众达 5 433人次，比 2011 年增长 52.8%。平均每个展览的展览面积达 7 042.8平方米，比 2011 年增长 35%。展厅年使用率达 31.6%，比 2011 年提高 5.9 个百分点，其中有两家场馆的使用率超过 50%。展览面积、展览收入和观众人数都达到了历史新高，不但扩大了展览商品或服务的知名度，也有利地促进了一系列商贸协议的签订，实现了经济效益和社会效益双丰收，取得了良好的效果。

4. 奖励旅游增势强劲，注重品质成发展主题

奖励旅游作为新兴业态，异军突起，连续多年快速增长。2012 年，北京的奖励旅游继续保持强劲增长势头，奖励旅游收入增速从 2010 年起连续 3 年超过 18%。奖励旅游收入占旅行社总收入的比重进一步提升，比 2011 年提高 0.1 个百分点，有力地促进了北京旅游业的发展；奖励旅游收入占全部会展收入的比重也比 2012 年提高 0.4 个百分点，奖励旅游成为北京会展业新的增长点。（如图 5—2 所示）

2012 年，北京规模以上会展单位服务奖励旅游项目为12 147个，同比下降 3.5%；平均每项奖励旅游 32 人次，比 2011 年下降 3.6%；平均每项奖励旅游收入 13.9 万元，比 2011 年增长 23%。提升品质成为北京奖励旅游单位业务发展的主题，更多收益高的项目越做越精，收益不高的项目被逐步淘汰，这是行业适应市场做出的主动调整。

---

① 中型展览系指展览面积 1 万～5 万（不含）平方米的展览。

② 大型展览系指展览面积 5 万（含）平方米以上的展览。

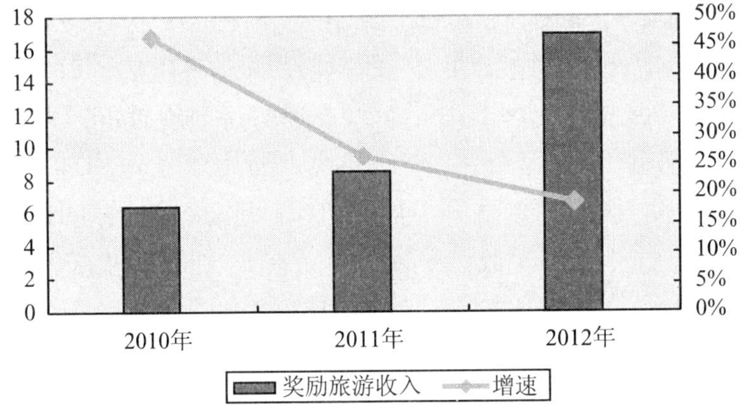

图5－2　2010—2012年北京奖励旅游收入情况

（二）大型场馆设施不足等因素影响产业发展

近年来北京会展业发展迅速，成为新的经济增长点；但展览业务相对已经成为短板，一些不利因素制约着会展业的发展。

1. 大型展览场馆不足

世界著名会展地德国拥有众多大型展览场馆，其中汉诺威展览中心和法兰克福展览中心的室内展馆面积分别达49.6万平方米和32.1万平方米。我国的上海新国际博览中心室内展览面积达20万平方米，广交会展馆室内展厅面积为33.8万平方米。相对而言，北京的大型展览场馆不足。2012年，北京专业展览场馆的全部展厅使用面积为32.1万平方米，多年来没有增加。其中展厅面积刚刚超过10万平方米的只有新国展一家。大型场馆严重不足，难以适应现代化大型国际会展的要求，在一定程度上制约了大型展览的举办。北京会展业发展“十二五”规划确定了“亚洲会展之都”的发展目标，北京会展的硬件设施要达到“亚洲会展之都”乃至世界一流水准还需付出更大的努力，举办大型会展所依托的专业展馆设施和周边配套设施建设有待进一步加强。

2. 展览外流现象突出

作为国际化大都市，北京具有独特的区域优势，但由于限制条件多和办展成本高等原因，北京会展外流现象突出，许多展览流向了其他城市。2012年，北京会展举办服务类单位办展数量为8 416个，比2011年下降了5.3%；在京举办或服务展览个数为3 819个，比2011年下降了23.6%。（如表5—3所示）

表5—3　近年来北京流失的部分展会

序号	展览名称	规模(平方米)	移往城市
1	中国国际农业机械展览会	160 000	郑州
2	中国国际纺织机械展览会	130 000	上海
3	全国五金商品交易会	90 000	上海
4	中国数控机床展览会	86 000	南京
5	全国药品交易会	60 000	成都
6	中国电子展	60 000	上海
7	中国国际电梯设备及技术展览会	50 000	廊坊
8	中国国际绿色创新技术产品展览会	45 000	广州
9	中国针棉制品交易会	46 000	上海
10	中国国际旅游户外运动装备用品博览会	30 000	贵阳
11	中国塑料交易会	30 000	台州
12	中国国际医疗器械博览会	20 000	上海

数据来源：北京国际会议展览业协会

3. 专业会展服务单位在“营改增”后的税负将增加

北京专业会展服务业单位的主营业务利润率高于第三产业总体水平，而成本费用利润率仅为2.8%，与第三产业20.7%的平均水平相差悬殊。其原因是该行业有大量的代收代付费用，如企业收取的参会参展单位的费用中包括住宿费、餐费和展台布置费等，这部分收入不是会展企业真正的收入，只是“过路收入”，不会形成利润。也正因如此，以前北京对会展业征收营业税时，实行“差额纳税”（对扣除代收代付的费用后的收入征收营业税)，大大减轻了会展业的税负。目前，“营改增”试点中暂时依旧实行“差额纳税”。2013 年 8 月 1 日后，依国家税务总局的要求必须实行全额纳税，一些会展企业将会由于行业特性无法取得抵扣发票而导致税负大大提高。

（三）政策建议

会展是一个城市的名片，其影响力和带动力强大。国际上普遍认为会展的带动作用是 1∶9。近年来，虽然北京会展业的总收入持续增长，内部结构加速调整，实现了从量到质的转变，但也有一些不利因素制约着会展业的发展，一些问题多年未得到解决，一些展览持续外流。因此，在会展业自身挖潜、增收节支的同时，建议有关部门进一步采取相应措施，统筹规划，尽快建设能满足“会展之都”需要的大型展览场馆，同时搞好交通、通讯、住宿、餐饮等配套设施建设；进一步研究对会展业的税收政策，对于“营改增”后专业会展服务单位的税负可能增加及“差额纳税”问题进行专题评估；加强服务，减轻企业负担，吸引更多优质展览，为北京会展业提供更加优异的环境，保障会展业的持续健康发展。

二、北京会展再谱新乐章

北京市人民政府专家咨询委员会委员
中国会展经济研究会副会长　储祥银

作为国家首都，全国政治、文化中心和国际大都市，北京发展会展产业拥有得天独厚、无可比拟的优势。根据北京市统计局统计，“十五”规划期末 2005 年北京会展收入为 61.1 亿元，2010

年全市会展业直接收入达到172.48亿元，5年内增长182.3%，年均增长23.1%，实现了规划的预期目标。“十一五”期间，北京会议产业蓬勃发展，会都地位初步确立。根据国际大会与会议协会（ICCA）的统计，2009年，北京举办国际组织的年会或大会96个，在全球城市排名中位列第十，在全国位列第一；北京展览业坚持内涵发展，品质影响大幅提升，展览总数有所减少，但展览面积、规模和直接收入稳步上升。2010年北京举办各类展览1 196个，数量比2005年减少49.5%；展览总面积近900万平方米，比2005年增加207万平方米；收入70.4亿元，比2005年增加237.5%。

进入“十二五”以来，北京会展业进一步创新思路，拓展理念，紧密围绕北京城市功能定位和产业结构升级，创造性地提出大会展产业的概念和融合发展的思路。北京会展业“十二五”规划将北京会展业发展的功能定位为：推动首都战略性新兴产业快速增长的重要支撑，实现北京建设中国特色世界城市目标的重要抓手。秉承这样的理念和思路，北京会展发挥国家政治、文化等中心功能优势，通过理念与发展模式创新，在服务国家社会与经济发展战略目标、推动经济发展方式转变和产业优化升级方面进行了积极的尝试，取得了长足的进展。总结北京会展业发展态势，对于我们打破会展即展览，展览就是欧洲模式的工业化展览的定式思维或者不无裨益，对其他城市根据城市发展总体目标和产业结构调整需要打造自己特色会展经济或者会有所启示。

（一）服务国家战略，首创中国（北京）国际服务贸易交易会

2012年5月28日至6月1日，首届中国（北京）国际服务贸易交易会（简称京交会）在北京成功举办。首届京交会精心策划和举行了论坛、展示、推介、交易等130多场活动，中外1 721家企业参展，注册客商2.2万，到会专业观众累计超过10万人次。时任国务院总理的温家宝出席开幕式并致辞，时任国务

院常务副总理的李克强巡馆参观了京交会展览会，联合国贸易与发展会议秘书长素帕猜、世界贸易组织总干事帕斯卡尔·拉米、经济合作与发展组织副秘书长理查德·鲍彻到会并发表重要讲话。2013 年第二届京交会再一次成功举办，参会国家增加到 117 个，3 300多家企业 13.8 万名客商、代表参展参会，展览面积扩大到 7 万多平方米。现任国务院总理李克强参加了京交会全球服务论坛北京峰会，并发表重要主旨演讲。京交会规模之大、规格之高、成长之快、内容之丰富，绝非一般展会可以比拟。

京交会的意义首先在于创建了世界第一个综合型服务贸易平台。京交会是国务院批准，中华人民共和国商务部和北京市人民政府共同主办，每年定期举办，涵盖 12 大类服务贸易领域的国家级、国际化综合交易平台。京交会是截至目前全球唯一的综合型服务贸易展览会，一开始就受到国际社会的高度关注和重视，世界贸易组织、联合国贸易和发展会议、经济合作与发展组织成为京交会的永久支持单位。

京交会的意义还在于：在中国经济发展的战略转型期为中国服务业搭建了一个重要的国际交流合作平台。京交会的目标在于打造成为一条中国服务产业“引进来、走出去”的重要通道、一个权威服务贸易政策和信息发布的窗口、一座世界服务企业交流合作的桥梁、一场具有可持续发展和国际影响力的国际盛会。国务院总理李克强在主旨演讲中指出：“大力发展服务业，既是当前稳增长、保就业的重要举措，也是调整优化结构、打造中国经济升级版的战略选择。”在目前许多有形物质生产能力过剩、供大于求的条件下，“增加服务业有效供给，提高服务业水平，可以释放巨大内需潜力，形成稳定经济增长的有力支撑，也会对经济结构优化和质量价值提升产生放大效应。”

京交会的意义更在于：为中国对外贸易转型和服务贸易发展打造了一个国际交易平台。改革开放 30 多年来，我国有形货物对外贸易有了巨大的发展，成为世界最大的货物贸易出口国和第二大货物贸易进口国。据海关统计，2012 年，我国进出口总值

38 667.6亿美元，与2011年同期相比增长6.2%。其中，出口20 489.3亿美元，增长7.9%；进口18 178.3亿美元，增长4.3%；贸易顺差2 311亿美元，扩大48.1%。中国在世界贸易中的地位不断提高，份额不断增加。根据世贸组织统计，2012年前三季度，中国出口占全球贸易份额增加到11.08%，比2011年的10.47%提高了0.61个百分点。有形货物贸易，特别是出口贸易的快速发展受到一定条件制约：世界贸易保护主义抬头，针对中国的贸易摩擦增多；世界金融经济危机导致世界市场不景气，中国商品出口外需不足，影响了我们经济增长的稳定。中国经济增长和中国对外贸易都必须进行战略性调整，开创内需外需协调发展，有形货物贸易和服务贸易齐头并进的新格局。相对货物贸易，我国服务贸易近年来表现出良好的发展势头。2002—2011年十年间，我国服务贸易从855亿美元增长到4 191亿美元，增长了3.9倍，年均增长19%。其中，服务出口从394亿美元增长到1 821亿美元，年均增幅19%；服务进口从461亿美元增加到2 370亿美元，年均增幅20%。我国服务贸易排名出口由第11位上升至第4位，进口由第9位上升至第3位。同时，我国服务贸易结构也发生了可喜的变化，旅游、运输等传统行业在服务贸易中的比重逐步下降，保险、计算机、信息、咨询等新兴行业比重上升。2002年，旅游、运输等传统服务占服务进出口的比重达六成以上，2011年，新兴行业服务出口比重已占服务出口总额的53.8%。在中国对外贸易发展的关键时刻，创办服务贸易交易平台，促进中国服务贸易发展，推动对外贸易战略转型，具有十分积极的意义，其意义不亚于20世纪50年代创办中国出口商品交易会。

对于北京来说，京交会也具有特别重要的意义。一方面，由于资源和城市功能定位的原因，北京服务业发展相对发达。北京第三产业在经济中的占比已经达到76%，相当于发达国家的水平。但北京服务业的结构和档次还不尽人意，搭建一个国际交流平台，在家门口学习他人经验，推动服务业结构升级，巩固和提升北京在国际、全国服务贸易中的地位非常必要。另一方面，为了建设具有中国特色的世界城市，开展一项世界级、具有全球影响力的会展活动也具有非常积极的意义。

（二）实施双轮驱动战略，办好北京科博会和文博会

“十二五”期间，北京确立了“科技创新”和“文化创新”双轮驱动的发展战略。中国北京国际科技产业博览会（简称科博会）和中国北京国际文化创意产业博览会（简称文博会）正是这双轮驱动战略的重要会展载体。创办于 1998 年的科博会至今已经成功举办 16 届，在推动科技成果产业化、市场化、国际化，促进科技体制机制变革，增强我国科技实力活力，巩固北京科技领先地位方面发挥了积极的作用。

中国北京文化创意产业博览会（简称“文博会”）创办于 2006 年，是经国务院批准、由中央有关部委和北京市政府共同主办、每年定期举行的大型国际文化经贸交流盛会。经过几年的培育和提升，北京文博会已经成为集聚全国文化创意资源、透视产业动向趋势、促进产业合作和产品交易的重要平台，在挖掘文化创意内涵，推动文化科技融合，提高文化创新水平等方面形成了鲜明的特色和优势，并以其权威性、吸引力确立了在全国文化会展格局中的品牌影响力。

第七届文博会于 2012 年 12 月 19 日至 23 日举办。2012 文博会是在党的十八大提出“扎实推进社会主义文化强国建设”重要战略部署的新形势下，在全国范围内举办的首个大型国际文化交流合作盛会。2012 文博会以“文化融合科技，创新引领转型”为主题，搭建了集综合活动、展览展示、论坛峰会、推介交易、创意活动、分会场“六位一体”的活动架构，设 1 个主展场和 14 个分会场，展示总面积约 19 万平方米，组织活动 100 多场，共有 100 多万人次参与了文博会的有关活动。

北京文博会搭建了一个向世人展示中国文化创意产业发展环

境、最新成果和发展空间，彰显我国文化创意产业巨大商机、活力和发展前景的综合性服务平台。组委会将其总结为五大平台：全方位文化体制改革和文化创意产业发展成果的综合性宣传推广平台；促进产业项目落地、交易、文化投资与贸易的服务平台；引领文化体验和文化消费的示范推广平台；推动文化创意产业学术交流和资讯传播的重要发布平台；深化文化创意产业境内外合作的文化交流平台。

创办北京文博会的意义首先在于服务国家发展战略，促进经济发展方式转变和消费结构转型。随着经济全球化趋势的加快和科技水平的提高，文化创意产业正在成为21世纪全球最具商业内涵和价值的朝阳产业。中国在2003年人均GDP超过1 000美元后，文化消费需求也出现了明显的增长。我国政府及时提出转变经济增长方式和以科学发展观为指导的社会经济发展战略，并在2006年9月份发布了《国家"十一五"时期文化发展规划纲要》，提出了文化事业和文化产业"两手抓、两加强"的发展思路，新兴文化产业因耗能低、附加值高和发展潜力大而倍受重视。北京市委九届十一次全会明确提出将文化创意产业作为首都经济发展的重要支柱之一，进行重点扶持和发展，并确立了重点建设全国八大文化创意产业中心的发展战略。北京文博会就是在此大背景下应运而生，理所当然地承负起"打造文化新引擎，提升文化软实力"的历史使命。基于这样的定位，北京自创办伊始就确立了服务国家发展战略、引领文化创意产业潮流的指导思想。每一届文博会的活动方案紧扣时代主旋律，把握发展新趋势，提炼出涉及文化创意产业发展战略性和全局性的主题，以同一主题统领文博会各项活动，深入贯彻中央文化改革发展的总体部署，紧密围绕中央以及市委市政府的大政方针和工作重点，确保了整体活动体现出鲜明的时代特色，切中了社会经济发展的迫切之需，使文博会成为整合文化创意产业资源、对接社会各方需求、推动我国文化创意产业发展的有效平台。

创办北京文博会的意义还在于：利用首都文化资源优势，发挥示范引领作用。北京文博会是国内唯一以文化创意为主题的大型国际文化经贸交流盛会，是充分发挥首都特有的文化创意资源优势，为国内外文化创意产业交流合作、资源整合搭建的综合性平台，强调中国优秀传统文化与现代科技、人的创意智慧相结合，关注延伸文化产品的价值链和提升文化产品附加值，关注丰富大众的文化生活和引导文化消费，从而促进中国文化创意产业做大做强。在活动策划中，文博会立足北京文化创意资源要素禀赋，发挥首都文化科技教育人才集聚的独特资源优势和市场辐射力，通过集聚中央和全国的文化资源，吸引国外文化创意产业的高端技术和产品，充分展示我国新兴文化业态、新文化实体、新文化创意产业项目、新焦点话题、新文化产品汇聚和蓬勃发展的态势，打造了一个具有中国特色、世界影响的国际文化创意产业盛会，突出了首都北京作为全国文化中心的重要地位和功能，以及对文化创意产业发展的示范引领作用，为加快建设中国特色社会主义先进文化之都贡献力量。北京文博会还较为注重引领和提升大众文化消费理念，倡导新的文化消费方式，提升民众文化品位。798 国际版画艺术博览交易会展出了百余位国内外知名版画作品，将专业交流与百姓参与结合起来，让高雅艺术走进百姓生活，取得良好的反响。文博会推出的以“北京礼物”为主题的北京旅游商品展，重点推动书画制品向旅游商品转化，很多融合传统元素的现代实用工艺品成为百姓家庭消费的首选。

北京文博会对于推动北京文化创意产业发展、提升北京文化创意产业地位发挥了极为重要的作用，功不可没。根据 2006 年发布的《国家“十一五”时期文化发展规划纲要》，发展文化创意产业是促进北京产业结构升级和经济增长方式转变的战略选择，也是提升首都城市功能、进一步推动北京向国际大都市迈进的重要途径。作为全国的政治、文化中心，北京文化底蕴深厚，资源人才优势明显，发展文化创意产业得天独厚。2005 年年末，北京市吹响了打造“创意产业之都”的号角。2006 年，北京市把文化创意产业确立为北京重点发展的支柱产业，正式写进北京市

“十一五规划”。北京市先后制定出台了促进文化创意产业发展的政策21个，内容涉及金融、财税、集聚区建设、行业发展、知识产权保护、对外贸易等多个方面。2005—2010年，北京市文化创意产业年均增速达到20.2%。2011年北京市文化创意产业全年收入达到9 012.2亿元，2012年1—8月份，北京市规模以上文化创意产业单位实现收入5 203.5亿元，同比增长12.9%。统计数据显示，2012年前三季度，北京规模以上文化创意企业就业人数已达98.9万，人均文化消费也达到了1 204元，增速超过25%。文化创意产业产值在北京经济中的比重已经超过12%，成为仅次于金融业的第二大支柱产业。

（三）增强文化自信，创办北京国际电影节

北京国际电影节创立于2011年4月，原名北京国际电影季，2012年正式更名为北京国际电影节。由中国国家广播电影电视总局和北京市人民政府主办，国家广播电影电视总局电影管理局和北京市广播电影电视局承办，每年举办一届。北京国际电影节的活动宗旨是融汇国内国际电影资源，搭建展示交流交易平台；北京国际电影节的活动定位是国际性、专业性、创新性、高端化、市场化的大型电影主题活动，中国电影产业走向世界和与国际合作的重要平台，北京建设国家文化中心的重点文化活动，获得国际电影制片人协会认可的国际A类电影节。2012北京国际电影节出席的国内外嘉宾多达4 000多人；参与洽商影视机构640家，签约交易额52.73亿元；246家中外媒体、901名记者注册报道；场地面积7.7万平方米，比第一届扩大了3倍；群众参与人次从第一届的10万增加到100万人次。上千家海内外主流媒体和重点网站将目光投向北京、投向北京国际电影节，给予充分报道。北京国际电影节正在成为中国最具影响力的电影节之一、北京最具标志性的文化品牌之一，并向着成为世界电影节体系重要组成部分这一目标而迈进。

北京电影节打造了一个高端展示和交流的国际化平台，促进了中国电影与国际电影的融合发展。北京电影节成为中外电影交往的重要窗口、中国电影与世界电影联系的重要节点、促进电影产业繁荣发展的高端牵引力量。北京电影节引进了国际标准，汇聚了一大批国际知名制片人和权威人士，展映了一大批优秀影视作品。北京电影节依托首都优势，统筹国际国内优质电影、会展资源，通过集聚国际国内优质电影资源，形成影视之都的核心竞争力和整体影响力；同时，充分发挥北京全国文化中心和影视基地的辐射效应，推动首都资源向国际国内开放共享。北京电影节搭建了一个影视交易和项目合作的服务平台，为推动中国文化走出去和影视国际合作拓展了新的途径。北京国际电影节把中央和北京市的电影优势资源进行了深度整合，是北京乃至中国电影产业走向世界，参与国际合作、交流交易的重要平台，对推动北京文化产业化发展具有重要的意义。

（四）建设世界城市，策划举办北京国际设计周

北京正在努力建设具有中国特色的“世界城市”，打造“北京创造”品牌和“北京服务”品牌。为扩大北京的影响力和城市活力，北京策划举办了北京国际设计周活动。

设计提升生活品质，设计创造价值。在北京建设具有国际影响力“世界城市”过程中，设计创新十分重要。创新设计可以有效地整合科技、金融、制造、商业、教育、文化等资源，可以成为最佳地组合资源优势，发挥最大组合效益。因此，近年来，北京采取有力措施，汇聚设计资源，打造“设计之都”形象，赢得“设计之都”称号，北京国际设计周应运而生，策划举办具有特殊的意义。

2012 北京国际设计周以“设计提升城市品质”为主题，围绕“设计改变城市，设计走进生活，设计走进社会，设计关乎你我”的核心理念，推动“设计以人为本”、“设计为民生”的价值传

播，重点推动设计交易，促进设计消费。2012北京国际设计周突出设计交易和市场培育，注意将各类设计交易形式与市场培育融入到有关活动组织中。在2012北京国际设计周设计交易签约活动中，高校创意设计转化运用推广的战略合作、中国本土视频素材版权交易平台、创意中国城市文化资产设计开发合作项目、中关村国家自主创新示范区设计产业战略合作等20多个设计交易项目现场签约成交。

北京国际设计周搭建了一个推动设计交易、促进设计消费、带动产业发展与经济增长方式转变的全方位服务平台。这里的意义在于：第一，链接设计产业链条，完善设计产业化服务功能，整合设计供求双方需求，提供设计产业化与设计交易所需的服务，将现有零散的、缺失的产业链连接起来，推动设计成果转化应用，助推创新设计真正转化为实际生产能力。第二，提升设计价值理念，形成以设计为核心的产业价值链，使设计生产方、设计提供方、设计需求方之间的渠道畅通，互利共赢。第三，推广普及设计文化，培育健康本土设计市场，提升消费者的设计意识和消费需求。第四，丰富设计交易内容和通道，不断创新交易方式和拓展交易渠道，提供更多的有效的设计交易服务。第五，聚合国际设计资源，加强国际间的设计合作与设计贸易，提供设计贸易的保税服务与通关便利，把国际设计产品和品牌请进来，将中国原创的设计产品和品牌带出去。第六，建立设计版权认证服务、设计版权登记注册、设计版权保护、包括设计版权拍卖在内的设计版权交易的创新机制，提倡与尊重原创，保护设计师、设计机构、设计版权拥有者以及设计消费者的权益。

（五）提升都市农业，成功举办世界草莓大会

2012年2月，北京成功举办了第七届世界草莓大会。北京世界草莓大会提出“以会兴业、以会兴城、以会惠民”的办会目标和“草莓，让生活更甜美”的口号；大会主题设计为：健康、发

展、共享。大会安排了 14 场特邀学术报告、116 场口头学术报告、4 场相关产经论坛。国际园艺学会副主席金姆·汉莫女士、北美草莓种植研究基金会总裁约翰·麦斯先生等全球草莓界的顶级专家出席研讨活动并做专题报告。此外，大会还组织了国际草莓产业展，来自 14 个国家和地区、国内 19 个省市的 200 多家企业参加了展览。同时，草莓大会还带动了草莓采摘的热潮。据昌平区农业服务中心公布的数据显示，从开幕后 5 天的时间里，昌平共迎来 12.5 万采摘客，采摘草莓 50 万斤，实现产值2 410万元。

北京世界草莓大会创造了一种全新的办会方式，有效地将会展活动与产业长期发展结合起来。“一区、一场、一园、两中心”的办会模式为昌平，乃至北京草莓产业的升级和长久发展奠定了稳固的基础。

一区——精品草莓产业示范区。一区分为核心区和辐射区两个功能区：核心区以麦辛路（昌金路昌平段）为主线，建设占地 30 平方公里设施草莓走廊，重点发展精品草莓种植、加工、配送、观光等，计划设施草莓总规模达到 1.5 万栋。这是举办第七届世界草莓大会的中心区域，也是全市发展草莓产业、展示都市型现代农业建设成果的主要区域，会后打造成科研水平领先全国的草莓产业集聚区示范区。辐射区在京北沿昌金路和京承路形成“金十字型”架构，以草莓产业为载体，为全市设施农业发展提供有力的产业支撑。2012 年京郊设施草莓总规模达到 3 万栋以上，年产值 7.5 亿元，可为 2 万农民提供就业岗位。

一场——学术会议主会场设在九华山庄。大会期间，大会各项会议、学术研讨、文化交流、开闭幕式、招待宴会、选举下届主办地等活动在此举办。九华山庄本身已经是北京重要的会议举办场所，草莓大会的举办更增强了九华山庄的竞争优势。

一园——草莓博览园选址在兴寿镇域范围内安四路与麦辛路（昌金路昌平段）交叉点附近，占地达 500 亩，建设连栋温室 4.4 万平方米、7.1 万平方米日光温室，会后成为草莓科技示范展示中心、农业休闲体验中心、科普教育活动中心，成为北京市民及周边百姓休闲、娱乐、消费及体验的新场所。

两中心——培训展示中心、加工配送中心位于“一园”之内，占地面积 43.1 亩，总建筑面积 5 万平方米。“两中心”是举办大会相关活动的必要场馆：培训展示中心是草莓产业成果展的展示场地，加工配送中心是学术大会专业参观的主要场地之一；会后“两中心”成为服务农民生产经营、推进全市草莓产业化发展最重要、最基础的配套服务设施。

第七届世界草莓大会为北京留下了一笔丰厚的遗产，有力地促进了北京草莓产业的发展。“一区、一场、一园、两中心”的办会设施现在成为北京乃至全国草莓研发、栽培、展示、体验、加工、培训基地；2013 年，首届北京农业嘉年华在此举办。世界草莓大会在昌平举办，昌平更是近水楼台先得月，从中获得了不小的既得利益。昌平草莓因此而名扬天下，昌平草莓产业跃上一个新的台阶，产量大增，产值大增，农民收入大增。昌平草莓产值从办会前的几千万元，2012 年办会当年达到 2.4 亿元，2013 年预计超过 4 亿元，草莓种植农户的收入成倍增加，真正实现了“以会兴业、以会兴城、以会惠民”的办会目标。

第六章　2012 年上海市会展业发展报告

上海市会展行业协会

2012 年，上海会展业继续稳步发展，展览会总展出面积规模继续扩大，展览业的硬件也日臻完善。上海新国际博览中心全面落成，世博展览馆完美转型投入使用，中国博览会会展综合体正式破土动工，改变了上海多年来大型场馆的不足。会议（论坛）、节事活动质量有了进一步提升，节事活动内容更加丰富，为到 2015 年上海基本建成国际会展中心城市的目标又迈进了一步。

一、行业发展基本情况

（一）展览会数量、规模均列全国会展城市之首

2012 年上海共举办 806 个展览项目，比 2011 年的 674 个增长 19.6%；总展出面积达到1 109 万平方米，比 2011 年的 953 万平方米增长 16.37%。其中：举办国际展览会 265 个，比 2011 年的 227 个增长 16.74%；展出面积 826.9 万平方米，比 2011 年的 689 万平方米增长 20.0%。无论是项目数量还是规模，均已成为

全国会展城市之首，随着上海展览馆的扩大，上海展览会单个项目规模也在不断扩大（如表6—1所示）。

表6—1 2012年上海展览会项目规模与2011年比较

规模＼类别	项目数量（个）			项目规模（万平方米）		
	2012年	2011年	增长率（%）	2012年	2011年	增长率（%）
10万以上（含）	21	20	5	309.4	279.7	10.6
5万(含)～10万	26	19	36.8	177.9	135.1	31.7
3万(含)～5万	30	28	7.1	116.1	102.7	13.1
1万（含）～3万	155	116	33.6	267.8	201.9	32.7
1万以下	574	491	16.9	238.1	233.6	1.9
合计：	806	674	19.6	1 109.3	953	16.4

从上表分析，规模化的展览会项目在不断扩大，3万平方米以上的特大型项目有77个，同比增加了10个，增长了14.9%；展出面积603.4万平方米，同比增加85.4万平方米，增长了16.9%。

（二）国际会议论坛仅次于北京

在后世博效应的影响下，全球经济分析会议、陆家嘴金融论坛、浦江论坛等国际性会议（论坛）质量在进一步提升。上海国际创意论坛、上海会展论坛等以创意、创新为主题的国际论坛品牌效应在不断提升。目前，从国际会议举办情况来看，上海已跻身于全球前25位，在国内仅次于北京。

（三）节事活动丰富多彩，文化类会展发展迅猛

全年举办的各类节事活动，内容丰富，主题清晰，特别是文化创意类活动向着品牌化、系列化发展。如上海国际电影节、上海电视节、上海国际艺术节、中国国际动漫游戏博览会（CCG）、

中国国际数码互动娱乐展览会（Chinajoy）、中国上海书展、上海之春国际音乐节、上海艺术博览会、上海国际印刷周、上海双年展、上海“设计之都”活动周、上海春季艺术沙龙等均已成为上海品牌化的国际性文化节庆会展活动。各区（县）的各类文化创意节庆活动开展踊跃，如嘉定汽车文化节、金山沙滩音乐节、宝山动漫节等，充分挖掘各区（县）历史、文化、产业内涵，促进商旅文融合发展。上海的节事活动已突破地方区域，向国际化拓展。丰富多彩的文化类会展活动，推动了上海文化产业的发展。

（四）会展业对经济社会发展的辐射作用明显

1. 拉动区域内相关行业的发展

会展业具有强大的产业带动能力，其与旅游、餐饮、宾馆、印刷、装潢、广告、物流、零售、通讯、交通、金融、保险商务活动等行业构成产业协作链条，对本区域的经济发展具有很强的带动效应和后向关联效应，拉动上海 GDP8%左右。其中 2012 年仅展览会的直接收入已达到 250 多亿元。

2. 可增加区域内就业机会数万人

会展业是个产业链，从项目策划运作、广告到现场施工、物流、后勤配套服务，它需要各类人才共同完成。根据英联邦展览业联合会测算，每增加1 000平方米的展览净面积，就可创造近百个就业机会。按照此依据，2012年上海展览市场增加了7万余人次的就业机会。

二、上海展览企业和相关产业发展情况

根据 2012 年年底上海市会展行业协会 450 家会员单位结构分析：展览主（承）办企业 60 家，占 13.3%；会议、旅游服务

44家，占比9.8%；展示工程企业279家，占62.0%；场馆企业16家，占3.6%；其他配套服务企业51家，占11.3%。以展览主（承）办企业为核心，相关配套服务企业齐全，形成了一个完整的产业链。

（一）本土展览主（承）办单位健康发展

上海办展主体，即展览会的主（承）办企业通过市场化运作，发展得更健康。

1. 本土办展主体占主导地位

据统计，在上海举办的1万平方米以上的项目232个，总展出规模869万平方米。其中，有157个项目为上海本土办展主体主办，总规模577万平方米，占比为66.4%。本土企业办展已占主导地位，这为上海展览行业发展打下坚实基础（如表6—2所示）。

表6—2 1万平方米以上展览会项目分类（按办展主体类别分类）

办展主体类别		项目数（个）	规模（万平方米）
本土办展（157个，577.44万平方米）	上海注册的国有企业办展	44	159.2
	上海注册的外资企业办展	23	111.9
	上海注册的合资企业办展	37	140.3
	上海注册的民营企业办展	53	166.1
市外来展（75个，291.67万平方米）	中国贸促会各行业分会办展	11	65.5
	国家级社会团体及政府办展	25	68.7
	北京注册的企业办展	25	127.7
	北京以外的外地企业及地方政府办展	9	16.9
	国际性组织及企业直接办展	5	12.9
	合计：	232	869.1

2. 展览项目市场化运作率达到96%

上海组展企业所举办的各类展览会项目，从21世纪起基本上都摆脱了依赖政府、依靠政府财政补贴的局面，率先进入市场，实行自主经营市场化运作的机制。2012年展览会项目运作的市场化程度已达96%，比2011年提高了一个百分点。这为上海展览业健康、稳步发展增添了动力。

3. 上海多种所有制的办展主体同步发展

上海展览会办展主体向多元所有制发展。2012年从各类展览会项目办展面积分析，国有展览企业占比为27.5%，独资、合资展览企业占比为43.7%，民营展览企业占比为28.8%，国企、独合资、民企占比基本形成了3∶4∶3的较合理格局。

4. 上海本土办展企业办展能力在不断提升

2012年，在上海举办展览会项目面积超过10万平方米的有20家，其中在上海注册的本土企业16家，占比80%。按规模排名前20的企业办展总面积为502万平方米，其中上海本土企业办展407.8万平方米，占比为81.2%。本土企业办展能力的提升，为上海展览业发展奠定了基础。（如表6—3所示）。

表6—3　2012年在上海举办展览会总规模10万平方米以上的企业排名

排名	公司名称	企业归属地	办展总规模
1	上海博华国际展览有限公司	上海	66.0
2	中国贸促会纺织行业分会	北京	53.6
3	慕尼黑展览（上海）有限公司	上海	45.6
4	上海市国际展览有限公司	上海	36.5
5	上海现代国际展览有限公司	上海	31.6
6	法兰克福（上海）展览有限公司	上海	28.8
7	汉诺威米兰展览（上海）有限公司	上海	27.6
8	上海万耀企龙展览有限公司	上海	26.5
9	上海环球展览有限公司	上海	25.9
10	上海科学技术开发交流中心	上海	20.0
11	北京雅展展览服务有限公司	北京	20.0
12	上海国际展览中心有限公司	上海	18.0
13	上海外经贸商务展览有限公司	上海	15.2

续 表

排名	公司名称	企业归属地	办展总规模
14	上海浦东国际展览公司	上海	14.8
15	亿百媒会展（上海）有限公司	上海	14.5
16	上海世博（集团）有限公司	上海	13.8
17	上海百文会展有限公司	上海	11.7
18	上海协升展览有限公司	上海	11.5
19	中国五金制品协会	北京	10.4
20	中国焙烤食品糖制品工业协会	北京	10.4
		合计：	502.0

5. 行业已诞生了一批高级人才

2005年，经上海市人事局批准，由上海市职业能力考试院、上海世博人才发展中心、上海市会展行业协会联合组织“上海市会展管理专业技术水平认定”工作。目前已有500余名长三角地区业内人士分别获得“会展管理”高级、中级、初级职称，其中88名会展人士获得了高级职称；2012年通过培训认证，又诞生了一批高级展示设计人才。这些人才已成为上海会展业发展的中流砥柱。

（二）展览场馆规模将成为全球之最

在展览会项目向规模化发展的趋势下，2012年上海展览场馆呈现大型展馆出租率明显增长、中小型展馆出租率略有下降的现象。

1. 上海新国际博览中心全面落成

2012年2月15日，上海新国际博览中心全面落成，拥有17个风格相似的单层无柱式展厅，室内外展览面积共计30万平方米。2012年新博中心全年共举办展会103个，展览合同销售面积达594.6万平方米。年场馆出租面积增长率达到20%左右，出租率达到57.6%，市场占有率达到52%以上。

2. 世博展览馆完美转型投入使用

借助后世博效应，世博会主题馆改造转型，8万平方米的世博展览馆改建成标准的展览场馆，弥补了上海5万至10万平方米展馆的空缺。2012年，世博展览馆共举办了80个展会项目，展出面积达194.4万平方米，比2011年翻了一番，全年出租率达到52.5%，市场占有率达到17.5%；吸引了900多万观众前来观展。世博展览馆成为世博园后续利用中最具人气的场馆之一。

3. 中国博览会会展综合体项目开工建设

中国博览会会展综合体项目正式破土动工，将于2014年年底全面建成。届时可提供室内外展览面积50万平方米，以及会议中心、餐饮、商业等较齐全的配套设施。

据统计，2012年，新国际博览中心和上海世博展览馆的出租率分别为57.6%和52.5%，市场占有率分别为52%和17.5%。上海展览中心、光大会展中心、世贸商城、上海国际展览中心的出租率也均在30%以上，呈良性发展的势态（如表6—4所示）。

表6—4　2012年上海各场馆展览会项目情况

	数量（个）	规模（万平方米）	其中国际展		其中国内展		出租率（%）
			数量（个）	规模（万平方米）	数量（个）	规模（万平方米）	
新国际博览中心	103	594.558	103	594.558	0	0	57.10
世博展览馆	78	194.4	59	146.7	19	47.7	52.51
光大会展中心	161	102.85	30	19.37	131	83.48	44.87
展览中心	88	49.866 9	25	25.364 5	63	24.502 4	31.42
世贸商城	69	49.78	13	14.7	56	35.08	31.28
国际展览中心	40	27.6	23	16.8	17	10.8	31.51
东亚展览馆	17	8.5	3	1.5	14	7	25.88
国际会议中心	10	2.4	4	1.2	6	1.2	12.06
浦东展览馆	9	5.7	3	2.7	6	3	8.68
农展馆	20	15.2	0	0	20	15.2	27.40
汽车会展中心	6	7.2	2	4	4	3.2	3.29
其他小场馆	205	51.25	0	0	205	51.25	—
合计：	806	1 109.304 9	265	826.892 5	541	282.412 4	—

2012年上海已有十一个展览场馆，可供展览面积50万平方米（其中室内40万平方米）。到2014年年底中博会会展综合体建成后，上海将有100万平方米的场馆可供使用（其中室内80万平方米）。届时，上海将成为全球场馆规模最大的城市之一。

（三）为场馆配套的软件、硬件设施日趋完善

1. 场馆的综合服务水平不断提高

协会委托第三方评估公司对上海五个主要展览场馆2010—2011年度综合服务水平进行评估。通过对62个上海国际品牌展、优秀展数据的比对分析，121个展会现场调研，对6 329份问卷调查资料进行分析，会展主（承）办企业、展示工程企业、物流企业以及参展商、专业观众，对五个场馆的综合评价较好，基本都能达标。综合场馆的硬件设施、运营管理及服务水平和客户满意度，五个场馆的测评总分依次为上海新国际博览中心、上海世贸商城、上海展览中心、上海国际展览中心、上海光大会展中心。通过评估，对每个场馆也提出了不少改进意见和建议，场馆的综合满意度在不断提升。

2. 会议、餐饮、交通等配套设施日趋完善

（1）将于2014年建成的浦西虹桥商务区的中博会会展综合体拥有5万平方米以上的会议中心。百余间风格各异的会议室、会见厅，分为20人、50人、100人、300人、500人、800人、4 000人等不同规模，可用于举办中小型会议、论坛、发布会及各类酒会等。10万平方米的南广场，1万平方米的中央广场，1万平方米的多功能展厅，两条40米宽、400米长的中央步道等富于变化的空间和场地，将会展综合体打造成精彩纷呈的演出、会议及活动聚集地。会展综合体地理位置优越，处于长三角地区门户，航空、高铁轨道交通、高架四通八达，交通便捷，周边配套服务齐全。

（2）傍长风公园、临苏州河而立的上海跨国采购会展中心，将于2013年建成，是一座集展览、会议、活动等多功能于一体的现代化、国际化的会展中心。整个中心拥有13 000平方米的室

内展厅、5 000平方米的会议厅、5 000平方米的餐厅和 800 个车位的车库，其中最令人瞩目的要属3 000平方米的超大型无柱会议厅——明珠厅。整个中心配备各类先进齐全的设施，是举办各类高端的展览、会议和活动的最佳场所。周边交通交通便捷，毗邻内环线、中环线、虹桥机场；环绕轨道交通有 2、13、15 号线；区域巴士将在会展中心和各大公交站点穿梭；周边配套有方圆两公里内十一家四五星级高档酒店和三十多家商务经济型酒店；2 个游艇码头 100 个游艇泊位、长风公园；长风景畔娱乐中心、大型商场、购物中心“国盛中心”。

（3）地处浦东陆家嘴地区最前哨的上海国际会议中心，毗邻东方明珠电视塔，与外滩万国建筑群隔江相望，交通设施方便快捷，地理位置得天独厚，素以举办大型国际会议、商务论坛而蜚声海内外。拥有二十多个规格不同、人数不等（15～3 000人）的会议场馆及最先进的视听设备，7 楼上海厅是目前国内最大的无柱大厅（面积4 400平方米，可同时容纳2 000人用餐或3 000人开会）。

（4）上海新国际博览中心拥有 51 个规模不等、风格各异的附属会议室，可用于举办中小型会议、论坛以及鸡尾酒会等。3 个附属入口大厅，兼备观众注册、信息咨询、开幕式、商务中心、咖啡厅、餐厅以及衣帽间等多功能。充足的停车场地，可容纳4 730个车位。新博中心周边有浦东嘉里大酒店、卓美亚喜玛拉雅酒店等星级酒店，轨道交通有 2 号线、7 号线。

（5）世博会之后，上海世博中心转型成为大型高规格国际会议的重要场所，有大会堂、上海厅、多功能厅、中会议厅、小会议厅、VIP 会议厅、专用会议厅、新闻发布厅、贵宾厅、宴会厅、江景餐厅以及可容纳 550 辆车的地下停车库和地面停车区域。上海世博中心承担了上海市“两会”及其他重要政务性会议的举办；同时对市场和社会开放，以其会议、展览、活动、宴会、演出等专业功能形成核心竞争力，充分展示上海国际大都会形象，提升上海城市的综合竞争力，是上海新的城市名片。

(6) 隶属嘉定区的上海汽车会展中心，拥有3万平方米的场馆，主要用于会议及相关的新闻发布、项目推广、产品发布等相关会展活动。

(四) 展示工程企业服务内涵和质量不断提升

1. 承接业务面不断拓宽

各展览会项目有60%以上为特装展位，其设计制作的科技含量、绿色环保元素大增。具有展示工程资质的企业优势显现，如现代国际、美术设计、龙展、笔克、形家、点意空间、和煦、汇展等展示工程一级资质企业不仅积极推进上海临展的展示设计向高科技、环保、节能等方面发展，而且将展示设计、业务延伸拓展到博物馆和展示厅，並承接一些政府招标项目。作为展览项目主要配套企业的壮大，推动了展览项目的发展。展示工程企业在为上海成为创意城市、设计之都建设中做出了贡献。

2. 设计创意水平不断提高

2010年，上海许多展示工程企业参与了世博会，设计创意水平经受了国际舞台的考验和锤炼，得到了大幅提升。在2012年上海市会展行业协会组织开展的2011—2012年度原创展示设计作品评比表彰活动中，经过高校和业内专家评审，从30家参选企业提供的91件作品中评出了“最佳原创展示设计作品”20件和“优秀原创展示设计作品”25件。这些获奖作品，体现了上海展示工程企业的设计创意水平正在不断提高。

3. 绿色环保、循环使用的展具正在推进

为积极响应“十八大”提出的大力推进生态文明建设的战略要求，结合会展业实际，上海市会展行业协会正在积极推进低碳、节能、环保的展览展具在展会中使用，倡导绿色展览。

4. 积极参加展示设计人才培训、认证

为配合上海“创意城市，设计之都”的建设，全面提升会展业的创意设计水平，上海市会展行业协会于2012年创建了展示设计师的培训、认证体系。根据展示设计师的标准，协会在业内认定了张定国、孙峰等十位同志成为上海市会展行业首批高级展示设计师。随即开设了高级展示设计师培训课程，广大展示工程企业积极响应参与。来自展示工程企业的负责人、设计总监近 50 人参加了首批培训，充分体现了上海展示工程企业自发提高专业设计技能的迫切需求。

（五）相关行业为上海展览业的发展做出了贡献

经过 2010 年上海世博会的历练，物流、宾馆、旅行社、会展院校等行业发展更健康，它们在为上海展览业的发展中做出了贡献。

三、2013 年上海会展业发展思路

2013 年是全面贯彻落实党的十八大精神的开局之年，是实施“十二五”规划承前启后的关键一年，也是上海深入推进创新驱动、转型发展的重要一年。上海会展业将不断地优化会展环境、加强行业规范、提升行业服务水平、实现新的跨越，进一步来推进上海国际会展中心城市建设的进程。

（一）制定发展会展业的鼓励和扶持政策

虽然上海的国际展览项目在国内名列前茅，但上海展览企业的内部环境，特别是在规范市场、鼓励发展等方面还存在一些问题，这对上海展览企业自身的长远发展是不利的。目前上海市政府对上海展览业发展除 2005 年制订的上海展览业管理办法外，

尚未有针对会展业发展的相关扶持政策。上海会展业“十二五”发展规划中所明确的，如：为上海展览行业在国际市场的宣传、重大展览项目的申办、品牌展会的培育、政策法规的宣传、信息平台的维护、专业人才的培养和认证等设立专项资金；如：如何创造环境，提供优惠政策，引进国际一流品牌展会项目。为境内外展览企业营造良好的发展环境和创业氛围，鼓励会展业快速健康发展，政府应尽快研究制定落实相关扶持政策。

（二）制定行业地方标准

1. 制定展览业地方行业标准

在会展业快速发展的今天，会展行业标准化建设的不健全，导致会展准入“门槛”较低、展会数量虽然众多但低水平重复办展项目不少。展会质量不高，已成为困扰会展业进一步发展的难题。2012年《展览主承办机构服务质量要求及等级划分》地方标准已立项，2013年将重点推进展示工程企业、场馆经营企业以及国际展览会项目的行业地方标准的制定，从而规范展览企业的经营行为。

2. 建立上海会展行业主体信用评价体系

建立展览企业的信用评估制度，对经营规范、诚信度高的展览企业，将在展会申请、政策扶持等方面给予支持；对存在各类违规、违法等不规范行为的企业，将被淘汰。

（三）促进会展行业的国际化、专业化、市场化、规范化

（1）为提升展览主办承办企业的国际化、市场化、专业化水平，继续开展国际展览项目评估，推进专业化、国际化进程。

（2）为积极响应落实“十八大”生态文明建设战略措施，推动展示工程企业使用绿色、环保材料，倡导低碳办展。

（3）为提升场馆服务水平，继续开展上海十一家展览主要场

馆综合服务水平评估。

（四）加强会展创意设计人才公共服务平台建设

为配合上海“创意城市，设计之都”的建设，加强对会展创意设计人才的培育，全面提升会展行业的专业水平，加快推进《上海会展创意设计人才建设专项服务平台》项目的建设。

（五）继续加强对会展人才的培训

在会展管理、展示设计培训、认证的基础上，启动展会活动策划人才的培训和认证工作。

第七章　2012 年广东省会展业发展报告

会展业是新兴服务业，属于知识密集型和技术密集型产业，具有产业链长、投入产出比高、低碳的特征。凭借改革开放先行一步、经济实力雄厚的优势及独特的区位优势，广东已经是中国最为重要的会展中心区域。至 2012 年，广东已建成会展场馆 30 个，室内展览面积 140 多万平方米，最大展馆展览面积达 33 万平方米。每年举办展览1 200多场，展览面积近1 400万平方米。广东会展业为广东社会经济发展做出了重要贡献，已成为广东经济发展的增长点、产业结构调整的突破点、文化传播与国际经济合作的支撑点，成为引领全球贸易格局转变、提升各城市，尤其是广州、深圳等城市功能的引爆点和生态可持续发展的着力点。

一、2012 年广东省会展业概况

据不完全统计，2012 年，广东展览面积（展览馆举办展览面积）近1 400万平方米，单以一个省区来计算，这一规模居全国第一。广州约 860 万平方米，其中广州国际会展中心 2012 年主办承办展览 106 个，展览面积 638 万平方米；保利世贸博览馆 2012 年展会共 67 场，展览面积达 122 万平方米；锦汉展览中心 2012 年展会共 53 场，展览面积达 42.5 万平方米；中洲中心展会共 18 场，展览面积为 27.5 万平方米；其他小型展馆、体育中心等展览面积约 30 万平方米。深圳展览面积为 261 万平方米。东莞展览面积 140 多万平方米。厚街广东现代国际展览中心展览面积为 882 363 平方米，莞城东莞国际会展中心展览面积约为 22 万平方米；展览形式既有面对普通消费者的公共展，又有面向国内外买家的专业展览；展览题材从农产品到工业产品、从房地产展到生活用品展、从航空航天展到汽车展，囊括了生产、生活、科技的方方面面。

广东主要展会项目大都集中在珠三角地区，尤其在广州、深圳、东莞，10 万平方米的展会项目全部集中在广州、深圳、东莞三地。

1. 大展规模效应日趋显现

广东省 10 万平方米的展会有 29 个，比 2011 增长 16%；展览面积共 723.5 万平方米，占全省展览面积的 48.3%。根据中国国际贸易促进委员会发布的《中国展览经济发展报告 2012》，全国 10 万平方米的展会有 71 个，广东 10 万平方米的展会占全国的 40.8%。其中广州 16 个，展览面积 540 万平方米；深圳 9 个，展览面积 109.5 万平方米；东莞 4 个，展览面积 74 万平方米。综合展 4 个，占 13.7%，展览面积 252，占 34%。由此可见，广东省 10 万平方米以上的展会以专业公司举办和专业展览为主，政府主办的展览和综合展展览数量不多，但受广交会影响的展览规模比较大。另外，深圳在展览数量上发展较快，但因为展览场地的原因，其单项展览规模的发展受到了制约。（如图 7—1、7—2 所示）

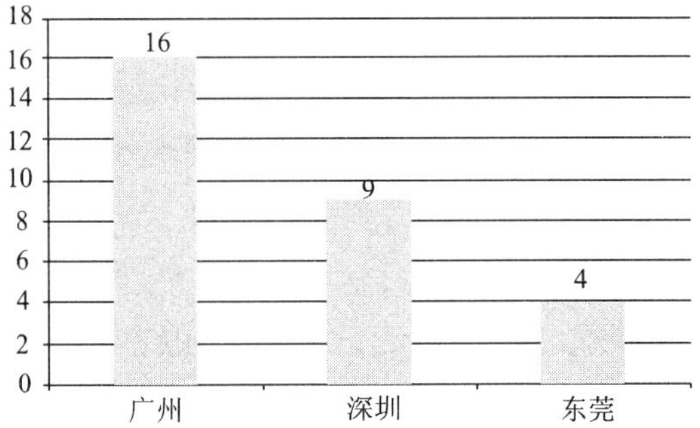

图 7—1　2012 年广东省 10 万平方米以上展会数量分布（单位：个）

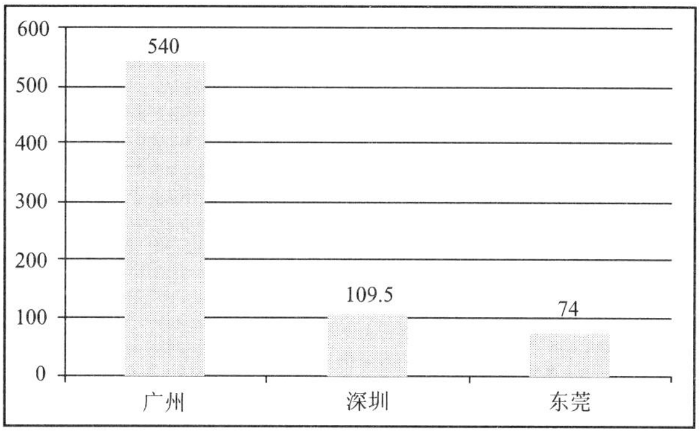

图 7—2 2012 年广东省 10 万平方米以上展会面积分布（单位：万平方米）

2. 有产业依托的展会发展得较好

广东各地品牌展会都是立足本地支柱产业，专业展会比例大。依托优势产业发展专业展会，通过专业展会推动产业发展，同时助推现有的传统产业集群发展、改造提升，实现专业会展项目与地方产业共同成长。（如表 7—1 所示）

表 7—1 广东省主要专业展一览表

城市	主要展会	备注
广州	广州国际美容美发用品进出口博览会	专业展、世界第二
	广州锦汉礼品、家居用品装饰品展览会	专业展
	中国（广州）编织品展览会	专业展
	中国（广州）国际汽车展览会	专业展
	广州国际设计周	国际三大设计组织认证
	中国（广州）国际机械装备制造业博览会	专业展
	中国广州国际家具博览会	专业展
	中国国际绿色创新技术产品展	专业展
	国际塑料橡胶工业展览会	专业展
	广州国际照明、建筑电气技术展览会	专业展、世界第一
	广东国际广告展	专业展
	广州锦汉礼品、家居用品装饰品展览会	专业展
	中国国际涂料展中国国际表面处理展	专业展
	广州国际鞋类、皮革及工业设备展览会	专业展
	中国（广州）国际建筑装饰博览会	专业展
	广州酒店用品展览会	专业展

续 表

城市	主要展会	备注
深圳	深圳国际文化产业博览会	专业展
	中国（深圳）国际礼品、工艺品、钟表及家庭用品展览会	专业展
	深圳国际玩具礼品展	专业展
	中国（深圳）国际钟表珠宝礼品展览会	专业展
	中国（深圳）国际家俱展	专业展
	中国（深圳）国际机械及模具工业暨国际塑料及橡胶工业展览会	专业展
	中国（深圳）国际品牌服装服饰交易会	专业展
	中国（深圳）国际安防展览会	专业展
	中国（深圳）国际光电博览会	专业展
	深圳国际电子生产设备暨微电子工业展览会	专业展
	中国国际医疗器械博览会	专业展
珠海	中国国际航空航天博览会	专业展
	中国（珠海）国际打印耗材展览会	专业展、世界第一
汕头	中国（汕头）国际食品博览会	专业展
	中国（汕头）旅游博览会	专业展
	国际汽车展暨首届汽配展	专业展
	中国·澄海国际玩具博览会	专业展
佛山	佛山（国际）物流合作洽谈会	专业展
	中国（佛山）国际陶瓷及卫浴博览交易会	专业展
	中国（佛山）国际金属工业博览会	专业展
	中国（佛山）机械装备展览会	专业展
顺德	亚洲国际家具材料博览会	专业展
	中国顺德国际家用电器博览会	专业展
	顺德家具精品展	专业展
	均安国际牛仔博览会	专业展
东莞	东莞国际名家具展览会	专业展
	东莞电脑资讯产品博览会	专业展
	中国（长安）国际五金机械模具展览会	专业展
	广东国际汽车展示交易会	专业展

续　表

城市	主要展会	备注
东莞	中国（大朗）国际毛织产品交易会	专业展
	中国国际影视动漫版权保护和贸易博览会	专业展
	中国（虎门）国际服装交易会	专业展
	东莞国际橡塑包装压铸及铸造展	专业展
	东莞国际模具及金属加工展	专业展
	中国东莞国际鞋展鞋机展	专业展
	中国国际塑料橡胶工业展览会	专业展
	中国（广东）国际印刷技术展览会	专业展、世界第二
中山	中国·古镇国际灯饰博览会暨LED应用展	专业展
	春秋两届中国小家电交易会暨小家电配件采购会	专业展
	中国（中山）国际游戏游艺博览交易会	专业展
	中国（中山）淋浴房产业展览会	专业展
	中国国际食品工业经贸洽谈会	专业展
	中国休闲服装博览会	专业展
	中国（大涌）红木家具名优产品博览会	专业展
	中国（中山·小榄）轻工机械展	专业展
	中国（中山）装备制造业博览会	专业展
	中国（中山）机床模具、五金及塑胶机械展览会	专业展
江门	中国（江门）摩托车工业博览会	专业展
	中国（江门）传统家具精品鉴赏会	专业展
	中国（新会）不锈钢制品展销会	专业展
阳江	中国（阳江）国际五金刀剪博览会	专业展
云浮	中国（云浮）国际石材科技展览会	专业展

3. 展会时间呈季节性

根据对广东主要展馆如广州国际会展中心、广州世贸中心、广州锦汉展览中心、深圳国际会展中心、东莞广东现代国际展览中心、中山博览中心等主要展会（不包括活动）的统计，其展览主办的月份主要集中在3月、4月、5月、6月和9月、10

月、11 月。这一方面与采购季节及我国展会一般规律有关，同时与春秋两届广交会有一定的关联。（如表 7—2，图 7—3、7—4 所示）

表 7—2　2012 年广东省展会时间（月份）统计表

月份	广州（个）	深圳（个）	东莞（个）	其他城市（个）	小计(个)
一月	6	2	2	4	14
二月	16	5	1	3	25
三月	32	3	4	7	46
四月	14	8	3	5	30
五月	27	12	3	4	46
六月	25	9	2	7	43
七月	9	11	0	11	31
八月	21	11	1	10	43
九月	27	11	4	3	45
十月	13	5	0	12	30
十一月	30	8	7	9	54
十二月	23	14	3	11	51
总计	243	99	30	86	458

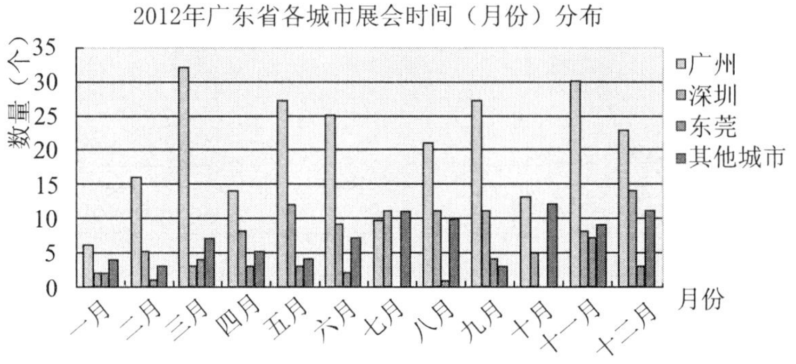

图 7—3　2012 年广东省各城市展会时间（月份）分布图（单位：个）

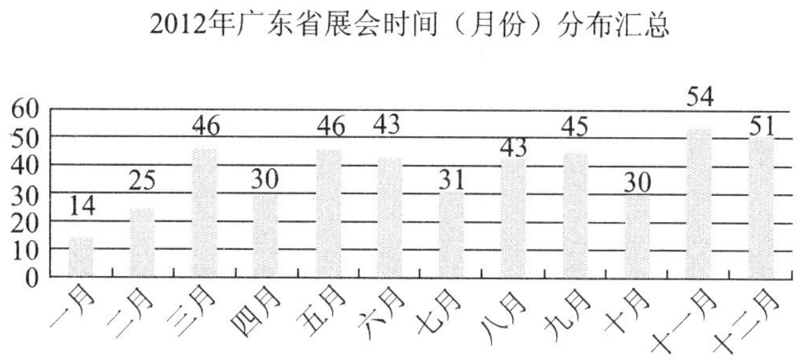

图 7—4 2012 年广东省展会时间（月份）汇总分布图（单位：个）

4. 展期主要为 3 天

由于展览主办机构租用展馆是按每天每平方米来支付租金，而参展商参展是按每个展期每个标准摊位（3 平方米 * 3 平方米）或光地（每平方米）来计算，因此一般展会正式的展期基本在 3 天（不含布展），只有消费类展会或与大众密切的专业展如汽车、服装类展会的时间较长。（如表 7—3，图 7—5、7—6 所示）

表 7—3 2012 年广东省展会展期统计表

展期	广州	深圳	东莞	其他城市	小计	百分比
3 天以下	37	11	0	34	82	17.90%
3 天	135	58	11	25	229	50.00%
4 天	41	17	11	16	85	18.56%
5 天	11	4	2	4	21	4.59%
6 天	4	5	1	0	10	2.18%
7 天	4	1	2	1	8	1.75%
7 天以上	11	3	3	6	23	5.02%
总计	243	99	30	86	458	100.00%

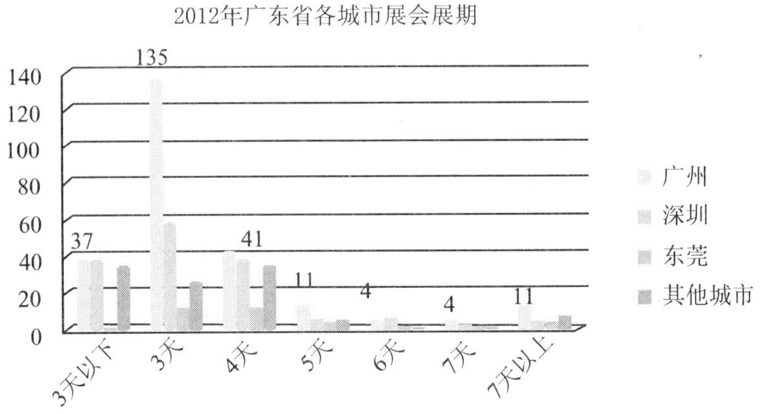

图7—5　2012年广东省各城市展会展期分布（单位：个）

图7—6　2012年广东省展会展期分布比例图

5. 展会行业分布较广

根据对广东主要展馆如广州国际会展中心、广州世贸中心、广州锦汉展览中心、深圳国际会展中心、东莞国际会展中心、广东现代国际展览中心、中山博览中心等主要展会的统计，展览类别基本上与当地城市特点和支柱产业相吻合。（如表7—4，图7—7、7—8、7—9、7—10所示）

表 7—4 2012 年广东省展会类别数量统计表

类别代码	广州（个）	深圳（个）	东莞（个）	其他城市（个）	小计
A	8	7	3	2	20
B	26	5	4	9	44
C	31	7	3	10	51
D	12	7	5	13	37
E	17	9	1	21	48
F	8	4	0	0	12
G	26	9	5	6	46
H	25	25	1	2	53
I	11	2	1	1	15
J	13	7	5	4	29
K	22	5	1	4	32
L	16	6	1	0	23
M	9	2	0	2	13
N	19	4	0	12	35
总计	243	99	30	86	458

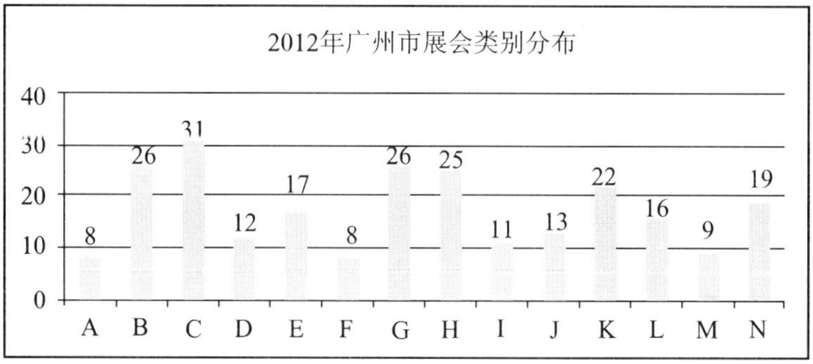

图 7—7 2012 年广州市展会类别数量分布图（单位：个）

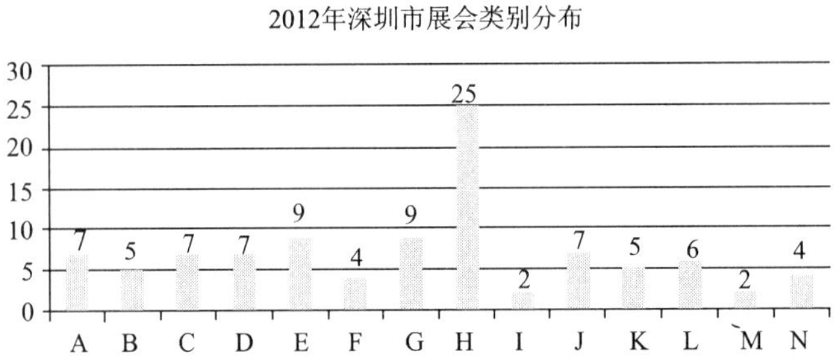

图 7—8　2012 年深圳市展会类别数量分布图（单位：个）

图 7—9　2012 年东莞市展会类别数量分布图（单位：个）

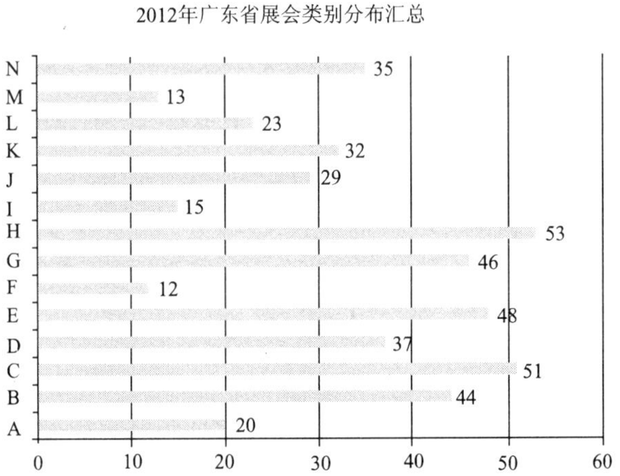

图 7—10　2012 年广东省展会类别数量汇总分布图（单位：个）

注：展会类别代码

A	服饰、皮革、纺织	H	通信、电子、信息、科技、技术
B	农副产品、食品、饮料、酒类	I	贸易、金融、代理
C	建筑建材、房产家居	J	时尚、购物、年货、特产
D	汽车、交通、物流	K	旅游、体育、休闲、娱乐、婚庆、美容
E	教育、文化、艺术、人才	L	珠宝、钟表、工艺品、玩具礼品
F	生物、医药、保健、卫生	M	安全、环保、能源
G	机械、设备、仪器、化工、加工、包装	N	其他

6. 战略性新兴产业展会发展较快

国务院《关于加快培育和发展战略性新兴产业的决定》提出大力发展节能环保、新一代信息技术、生物、高端装备制造、新能源、新材料、新能源汽车战略性新兴产业。中央经济工作会议强调，2013年要加快调整产业结构，提高产业整体素质。党的十八大也提出，要大力推进经济结构战略性调整，推动战略性新兴产业、先进制造业健康发展。粤府［2011］87号文件《关于贯彻落实国务院部署加快培育和发展战略性新兴产业的意见》从总体思路和目标、重点发展领域、主要工作、扶持政策提出广东的战略性新兴产业发展政策。

根据对广东主要展馆如广州国际会展中心、广州世贸中心、广州锦汉展览中心、深圳国际会展中心、东莞国际会展中心、广东现代国际展览中心、中山博览中心等主要展会的统计，2012战略性新兴产业展会增长快。（如表7—5、图7—11所示）

表7—5 2012年广东省战略性新兴产业展会统计表

展会类别	广州（个）	深圳（个）	东莞（个）	其他城市（个）	总计
节能环保	7	2	0	1	10
新一代信息技术	6	11	1	1	19
生物	3	1	0	0	4

续 表

展会类别	广州（个）	深圳（个）	东莞（个）	其他城市（个）	总计
高端装备制造	13	5	4	6	28
新能源	3	1	0	1	5
新材料	5	4	2	0	11
新能源汽车	6	3	1	10	20
总计	43	26	8	19	96

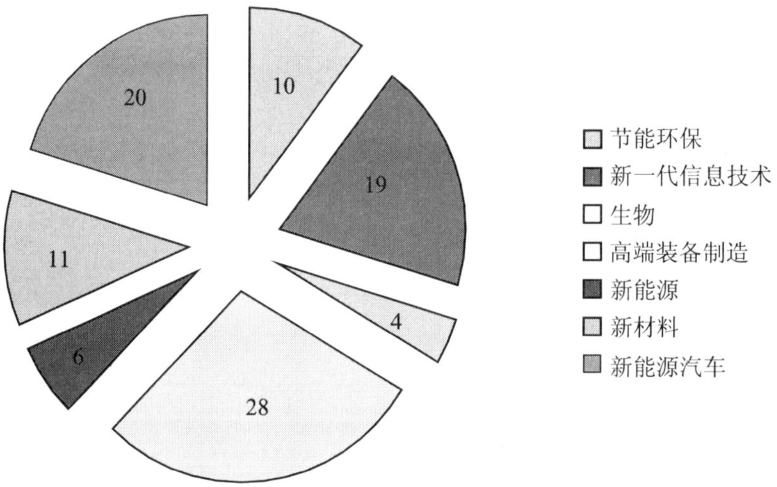

图 7—11　2012 年广东省战略性新兴产业展会数量分布图

这与广东省战略性新兴产业发展“十二五”规划发展高端新型电子信息产业、新能源汽车产业、LED 产业、生物产业、高端装备制造产业、节能环保产业、新能源产业、新材料产业的重点产业相一致的。

7. 文化创意类展会发展迅速

2003 年中央确定广东为“全国文化体制改革综合试点省”，启动了广东建设“文化大省”的序幕。2009 年 8 月，广东出台《关于加快提升文化软实力的实施意见》，首次提出在未来 5～10 年内大力建成文化强省。2010 年 7 月 23 日广东省发布了

《广东省建设文化强省规划纲要（2011—2020年）》。在这种背景下，文化创意类展览会发展迅速。中国（深圳）国际文化产业博览交易会、中国国际影视动漫版权保护和贸易博览会、广东国际广播影视博览会、中国（中山）国际游戏游艺博览交易会、中国（东莞）国际印刷技术博览会、广东国际旅游文化节、南国书香节、中国（广州）国际纪录片大会、广州国际艺术博览会的国际影响力日益提高。根据对广东主要展馆如广州国际会展中心、广州世贸中心、广州锦汉展览中心、深圳国际会展中心、东莞国际会展中心、广东现代国际展览中心、中山博览中心等主要展会的统计，2012年文化创意类展会情况，如表7—6、图7—12所示。

表7—6 2012年广东省文化创意展会分布表

城市	广州（个）	深圳（个）	东莞（个）	其他城市	总计
数量	50	21	6	14	97

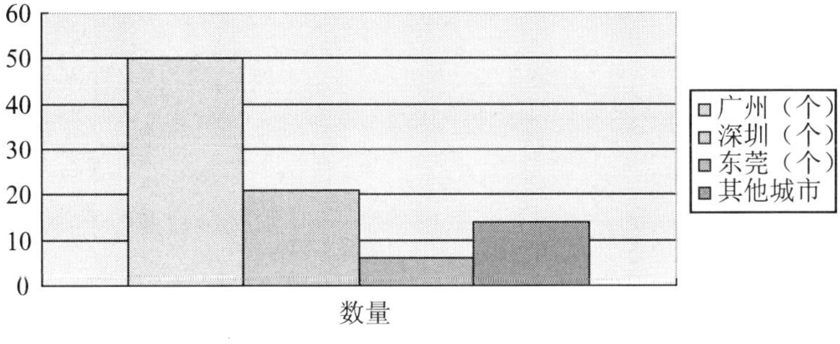

图7—12 2012年广东省文化创意展会分布图

8. 适应扩大内需的展销会得到快速发展

伴随着国际市场环境不确定性的增加以及人民币的升值，中国出口导向的增长模式将受到更多的挑战。为确保经济的稳定健康增长，扩大内需必将是今后较长一段时间内的战略选择。为此，国务院办公厅《关于搞活流通扩大消费的意见》提出大力促进节假日和会展消费，商务部《关于商贸会展促进消费有关工作的意见》提出引导支持品牌展会，带动相关行业消费、丰富节庆展销活动，扩大商品消费、开展特色餐饮等活动。这使得广东目前适应扩大内需的展销会得到快速发展，如购物节、食品展、服装展、茶叶展，书展等。但展销会多在一线城市的其他公共设施和小型展销馆举办，或在二三线城市的场馆举办。（如表 7—7、7—8,图 7—13、7—14 所示）

表 7—7　2012 年广东省各城市展销会数量及比例

城市	全年展会数量（个）	全年展销会数量（个）	展销会百分比
广州	243	33	13.58%
深圳	99	10	10.10%
东莞	30	6	20.00%
其他城市	86	19	22.09%
总计	458	68	14.85%

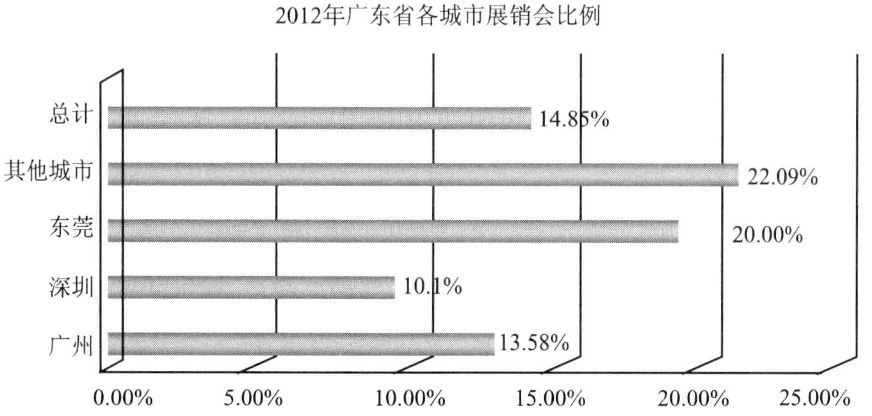

图 7—13　2012 年广东省各城市展销会比例图

表 7—8　2012 年广东省主要展馆展销会数量及比例

展馆名称	全年展会数量（个）	全年展销会数量（个）	展销会百分比
广州锦汉展览中心	53	18	33.96%
中洲国际商务展示中心	18	6	33.33%
东莞国际会展中心	17	5	29.41%

续 表

展馆名称	全年展会数量（个）	全年展销会数量（个）	展销会百分比
惠州会展中心	43	11	25.58%
中山市（黄圃）国际会展中心	8	2	25.00%
中山博览中心	25	3	12.00%
深圳会展中心	99	10	10.10%
广东现代国际展览中心	13	1	7.69%
广州保利世贸博览馆	66	5	7.58%
广州琶洲会展中心	106	4	3.77%
中山市火炬国际会展中心	3	0	0.00%
中山小榄会展中心	2	0	0.00%
顺德前进会展中心	5	0	0.00%
总计	458	65	14.19%

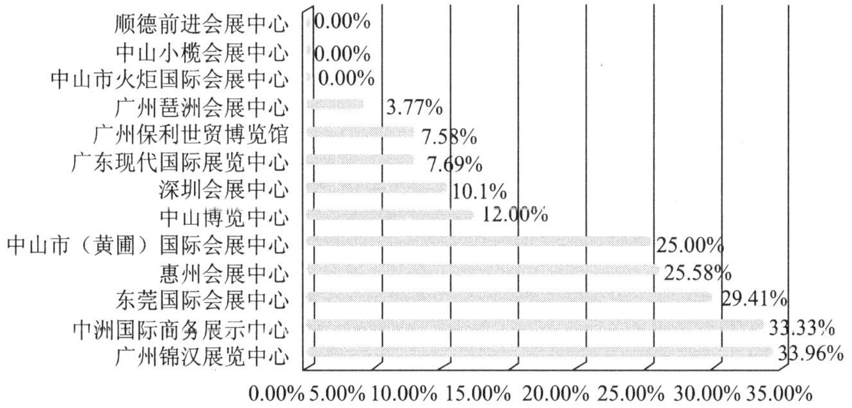

图7—14 2012年广东省主要展馆展销会比例图

二、2012年广东省展览场馆概况

广东共有展览馆30个，共有展览面积220多万平方米，居全国第一。其中室内展览面积140多万平方米，室外展览面积85

多万平方米。广东是全国唯一一个室内展览面积超过100万平方米的省份，室内展览面积达10万平方米展览馆有4个，室内展览面积达3万平方米展览馆有14个。与上海室内展览面积418 805万平方米和北京的室内展览面积382 146万平方米相比，广东硬件设施竞争优势明显。目前针对上海、北京、天津、重庆等地建设大规模展览馆，广州、深圳也在规划建设新的展览馆，对广东展览馆具体、深入的分析研究将在后面的专题中进行。

三、2012年广东省会展企业概况

广东是我国改革开放最早的地区，各种所有制企业在市场经济发展中不断发展和壮大。广东的开放性、包容性也使展览经营主体呈多元化格局，主办展览主体除了政府、事业单位、国有企业外，民营企业和外商投资企业近年也得到较好的发展。

1. 广东民营会展机构发展快

民营会展机构尤其是在会展主体机构方面，发展较快。据不完全统计，广东主要展会的主办机构约62家，其中民营主办机构29家，占46.7%。（如图7—15、7—16所示）

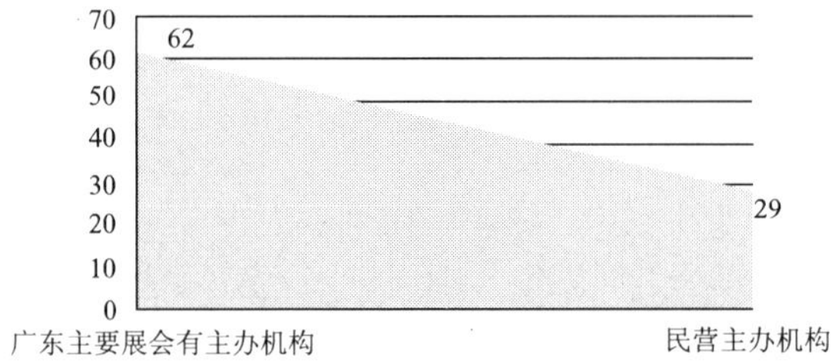

图7—15　广东省民营主办机构数量对比图（单位：家）

（广州所有会展企业（单位）按经济类型分也是民营企业占主体）

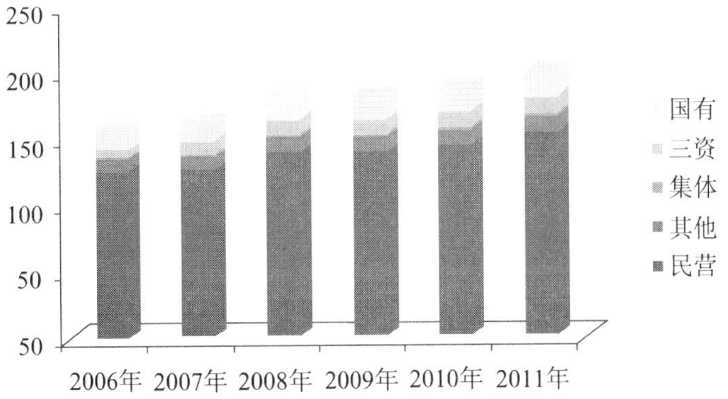

图7—16　广州会展业企业经济类型（单位：家）

（资料来源：2006年—2011年期间广州市会展业基本状况表）

2. 综合实力不强

除中国对外贸易中心外，广东会展企业中缺乏大型行业领军企业，尤其是多元化集团化经营的展览企业。如在广州长期主办展览的单位（不含外贸中心），只有2家企业注册资本达到1 000万元。注册资本在50万元以下的占62%，而且相当部分企业人员只有20人左右。由于规模小，举办展览的实力和进行招商招展的能力以及承担风险的，能力均有限，市场号召力和影响力也较低。据统计，深圳目前注册展装展示企业超过1 800余家，此外还有大量包工队、皮包公司。造成展装行业规模虽已超过30多亿元，但最大的展装企业年营业额还不到2 000万元。大多数企业不能形成规模效应，效益较差，难以形成有效竞争。

3. 广东外资会展企业进入的比例还不是太大

广东外资或合资会展企业与上海、北京相比有一定差距，广东主要的展览主办机构约62家，其中外资或合资主展机构13个，占20.9%。广州的外资会展企业主要有法兰克福、励展、亚洲博闻，深圳的外资会展企业主要有励展、慕尼黑展览公司，东莞的外资会展企业主要是香港的展览公司。同时，广东会展企业的国际国内开拓市场能力不强，广东的品牌展会移植到国内外的较少。（如图7—17所示）

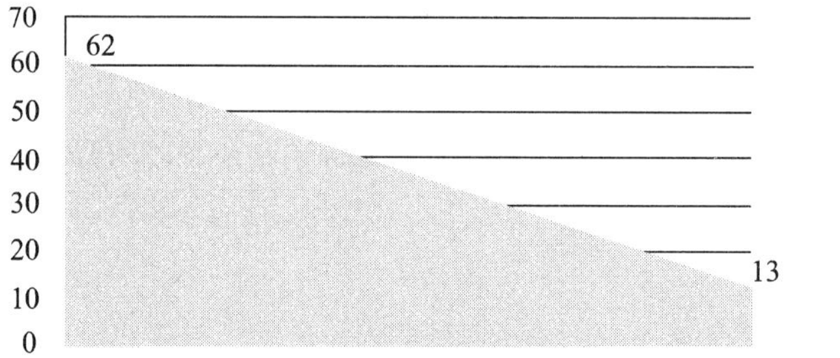

图 7—17　广东省外资或合资主办机构数量对比图（单位：家）

四、2012 年广东省会展教育概况

广东会展专业（含方向）的类型，大体上可分 5 类，但主要在旅游学院下。在本科的 7 所院校中旅游学院下占 5 所，占 71%。另外华南理工原在旅游学院下，后旅游学院取消才合并到经贸学院。(如表 7—9 所示)

表 7—9　高等院校会展专业类别归属

序号	原类别	主要院校
第一类	旅游类	广州大学、广东商学院、中山大学、华南师范大学、深圳职业技术学院、深圳大学、广东交通职业技术学院、广东轻工职业技术学院、广东岭南学院、广东外语外贸大学等
第二类	国际贸易类	电子科技大学中山学院、华南理工大学
第三类	工商管理类	广东工业大学、广东理工职业技术学院
第四类	艺术类	深圳职业技术学院、深圳技师学院、广东文艺职业学院
第五类	其他类	北京师范大学珠海分校、广州信息技术职业学校

国家从 2004 年开设立会展专业，广东省从 2006 年开设会展专业，具体开设时间如表 7—10 所示：

表 7—10　广东省会展本科专业开设时间分布表

开设时间	2004年	2005年	2006年	2007年	2008年	2009年	2010年	2011年	2012年
学校数量	0	0	1	1	1	2	1	1	0

政府在会展专业人才培养方面的投入远不如北京和上海，如北京从财政拨出 800 万元给北京联合大学开展会展综合实验研究和培训，上海拨出1 600万元分四年给上海师范大学开展会展专业高地人才培养，并将会展策划与实务纳入“上海市紧缺人才培训工程”，上海高等教育自学考试开设会展策划与管理专业。政府引入美国国际展览管理协会的展览管理认证制度，结合实际情况，将会展人才资格认证，分为助理会展师、会展师、注册会展师、高级会展师四个岗位等级。上海会展行业协会和长三角 12 所高校共同发起成立了“长三角会展教育与培训专业委员会”加强长三角地区会展教育和培训资源整合，推动长三角地区会展人才教育的联动培养。

五、2012 年广东省出境展览概况

1. 2012 年广东省出境展览状况

对应广东中国外贸第一大省的地位，广东企业出境参展的规模也位居全国前列。据不完全统计，2012 年广东企业参加的海外展览会的展位超过10 000个，面积超过 10 万平方米。广东省外

经贸厅主办的境外展览会有华沙时尚生活展览会、广东（圣保罗）商品展览会、广东（约翰内斯堡）商品展览会、广东（仰光）商品展览会。

广交会展览公司 2012 年出境展览项目约 60 个，出境参展面积 3 万多平方米，主要参展的展会有：俄罗斯莫斯科国际文具及办公设备展览会，中东（迪拜）国际纸制品、办公用品世界展览会，德国杜塞尔多夫国际美容化妆品展览会，德国杜塞尔多夫国际鞋展，德国法兰克福国际灯光照明及建筑技术与设备展览会，美国纽约国际文具展览会，迪拜美容展，南非 SAITEX 国际贸易博览会，科隆国际体育、露营和户外家具及花园用品展览会等。

深圳出境展览项目 30 多个，展览面积约 1.5 万平方米。深圳市重点出境展览主要类别是电子展、食品类、珠宝类。主要展览会为：美国拉斯维加斯冬季消费类电子产品展览会、日本国际食品展、德国汉诺威国际信息及通信技术博览会、瑞士巴塞尔世界钟表珠宝展、美国西部安防展、中国香港春季电子展、中国香港礼品及赠品展、澳大利亚悉尼 CeBIT 信息及通信技术展览会、德国柏林国际消费类电子展、中国香港钟表展、新加坡国际医疗展、中东电脑及网络信息展览会、德国杜塞尔多夫国际医院设备展览会、欧洲国际模具及技术展览会等。

广州贸促会的出境展览会主要有巴塞罗那国际礼品及家居展，国际礼品、公办用品及美容用品博览会，国际春、秋季消费品展览会，科隆亚太家具及园艺博览会，科隆国际体育、休闲及露营用品博览会，杜赛多夫秋季国际鞋展，奥兰多国际五金展博览会，东京国际礼品展，香港春季电子产品展等。

2. 2012 年广东外贸境外支持展览会分析

2012 年广东外贸境外支持展览会 92 个。其中展会补助标准首个摊位25 000元，第 2 个摊位12 000元，第 3、4 个摊位6 000元/每个摊位有 19 个，主要在南美洲等。展会补助标准首个摊位20 000元，第 2 个摊位10 000元，第 3、4 个摊位5 000元/每个摊位有 33 个，主要在欧美和日本。展会补助标准首个摊位15 000元，第 2 个摊位8 000元，第 3、4 个摊位4 000元/每个摊位有 14 个，主要在澳大利亚、中东和亚洲其他展会。展会补助标准首个摊位10 000元，第 2 个摊位6 000元、第 3、4 个摊位3 000元/每个摊位有 13 个，主要在其他东亚国家。展会标准补助首个摊位8 000元，第 2 个摊位4 000元，第 3、4 个摊位2 000元，每个摊位有 13 个，主是中国香港和中国台湾。(如图 7—18、7—19 所示)

图 7—18 2012 年广东外贸境外支持展览会首个摊位补助标准及数量分布

超过 4 个展会的国家和地区为：德国 10 个、中国香港 10 个、美国 9 个、泰国 6 个、巴西 5 个、印度 4 个、澳大利亚 4 个、迪拜 4 个。

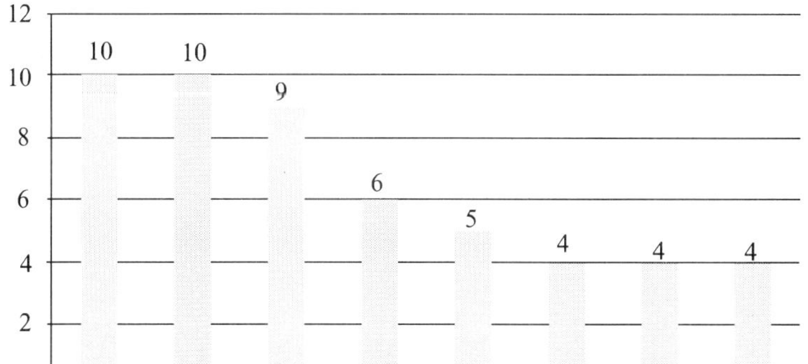

图 7—19 2012 年广东外贸境外支持展览会地区分布（单位：个）

2012 广东外贸境外支持展览会名称如下：

以下展会补助：首个摊位8 000元，第 2 个摊位4 000元，第 3、4 个摊位2 000元/每个摊位。

1. 香港玩具展
2. 香港国际文具展
3. 香港春季电子展
4. 香港环球资源春季家庭用品采购交易会
5. 香港环球资源春季礼品及赠品采购交易会
6. 香港国际春季灯饰展
7. 香港时装展
8. 香港美食博览会
9. 香港国际秋季灯饰展
10. 香港秋季电子展
11. 海峡两岸食品展览会（中国台湾）
12. 海峡两岸电子展览会（中国台湾）
13. 海峡两岸医保及器械展览会（中国台湾）

以下展会补助：首个摊位10 000元，第 2 个摊位6 000元，第 3、4 个摊位3 000元/每个摊位。

1. 韩国进口商品展
2. 泰国国际服装及纺织用品机械、设备、材料及附件展
3. 泰国国际塑料及橡胶机械展
4. 泰国国际模具展
5. 广东产品（泰国曼谷）展览会
6. 泰国国际机床及金属加工展览会
7. 泰国国际现代生活家居展览会
8. 马来西亚中国进出口商品展览会暨投资洽谈会
9. 菲律宾中国商品展及第六届中国机电展览会
10. 印度尼西亚中国机械电子产品贸易展
11. 印度国际机械工业展和消费电子家电家具用品展
12. 印度孟买粤港时尚生活展览会

13. 印度孟买（中国）商品展览会

以下展会补助：首个摊位15 000元，第2个摊位8 000元，第3、4个摊位4 000元/每个摊位。

1. 澳大利亚机械制造周
2. 悉尼中国纺织品展
3. 澳大利亚国际建筑建材展览会
4. 墨尔本礼品展
5. 阿联酋迪拜秋季国际博览会
6. 中东（迪拜）国际五金、园艺及休闲用品展览会
7. 迪拜环球资源采购交易会
8. 中东迪拜国际建材展览会
9. 沙迦中国商品交易会
10. 土耳其春季国际礼品、消费品和家用电器展
11. 哈萨克亚洲商品展
12. 伊朗中国工业展览会
13. 沙特中国商品展览会
14. 阿曼国际建筑材料、室内装饰材料展

以下展会补助：首个摊位20 000元，第2个摊位10 000元，第3、4个摊位5 000元/每个摊位。

1. 波兰华沙粤港时尚生活展览会
2. 俄罗斯莫斯科国际消费品博览会
3. 俄罗斯五金工具展
4. 乌克兰国际制冷、暖通展览会
5. 英国国际厨房及卫浴展览会
6. 国际服装纺织品定牌贸易展览会
7. 巴黎国际贸易展览会
8. 法国食品展
9. 德国法兰克福国际办公用品博览会
10. 法兰克福国际圣诞礼品博览会
11. 法兰克福国际照明及建筑技术与设备展览会

12. 法兰克福国际汽车及配件展览会
13. 纽伦堡春季国际玩具博览会
14. 杜塞尔多夫春季国际鞋展
15. 慕尼黑电子元器件展览会
16. 柏林 IFA 国际电子消费品博览会+国际家电博览会
17. 科隆国际五金博览会
18. 科隆国际体育用品、露营设备及园林生活博览会（SPOGA）
19. 克罗地亚维罗维琴察国际博览会
20. 瓦伦西亚建筑陶瓷卫浴展览会
21. 意大利国际摩托车及零部件展览会
22. 美国芝加哥国际家庭用品博览会
23. 波士顿国际渔业博览会
24. 中国纺织品服装贸易展览会（纽约）
25. 拉斯维加斯 CES 消费类电子产品展
26. 拉斯维加斯国际鞋展
27. 拉斯维加斯国际五金工具展
28. 拉斯维加斯国际厨房及浴室设备展览会（KBIS）
29. 拉斯维加斯国际服装服饰及面料博览会
30. 拉斯维加斯国际汽车零部件及售后服务展览会
31. 日本春季食品展
32. 日本东京 ISOT 国际文具、办公用品展览会
33. 东京国际庭院园艺及户外用品展

以下展会补助：首个摊位25 000元，第 2 个摊位12 000元，第 3、4 个摊位6 000元/每个摊位。

1. 阿尔及利亚阿尔及利亚国际建材建筑机械展
2. 阿尔及尔国际博览会
3. 埃及国际建材展
4. 中国工业品（尼日利亚）展
5. 苏丹中国消费品展

6. 贝宁（西非）中国商品展
7. 南非国际建材、五金展览会
8. 南非环球资源采购交易会
9. 巴西国际建材展
10. 巴西机械及工业产品展览会
11. 巴西国际厨房家电用品及食品贸易展
12. 巴西国际家庭用品及礼品博览会
13. 巴西国际家居用品、室内装饰及五金工具展
14. 阿根廷国际医药原料南美展览会
15. 南美洲（阿根廷）国际汽车零配件及售后服务贸易展览会
16. 中国工业产品（委内瑞拉）展览会
17. 墨西哥文具展
18. 中美洲国际汽车零部件及售后服务展览会（墨西哥）
19. 墨西哥国际摩托车及零配件展览会

3. 广东出境展特征分析

第一，出境参展是广东企业开拓国际市场的主要渠道。国外的展览会是广东企业了解当地市场、拓宽渠道、开拓产品和技术视野、结识拜访客户、达成交易的直接平台。

第二，广东参展最多的国家是美国和德国。但近年来，参加东盟、阿联酋以及新兴经济体的展览会的数量正大幅增加，如政府支持的境外展会泰国有6个展会，巴西有5个，印度有4个，澳大利亚有4个，迪拜有4个。

第三，企业为了实现有效地开拓国际市场和推广产品的目标，出境参展的企业在发达国家市场一般选择地区知名的专业展会。在开拓新兴市场的起始阶段，一般倾向于参加当地的综合性展览会。

第四，目前广东组织出境展的机构主要还是各地贸促会系统、外经贸系统、各相关行业商会。如深圳组织出国展机构主要是深圳市对外经济贸易服务中心、深圳贸促会、各行业协会、华

港与万博等专业展览公司。但目前企业尤其大型企业自主出境参展已占一定比例，而且有比例越来越大的趋势。（如表 7—11 所示）

第五，出境参展的渠道日趋多元化。一是很多企业直接通过国家级的行业商会或展览代理机构参展；二是由于粤港两地的特殊关系，很多广东企业直接参加香港的展览会，或通过在香港注册公司，通过香港贸发局等机构以港资企业的身份参加香港贸发局组织的海外展会。

表 7—11　广东省贸促会 2012 年境外展情况汇总

（2012. 1. 1—2012. 12. 31）

序号	展览会名称	参加企业数（个）	展出面积（平方米）	成交金额（万美元）	展出时间
1	印度国际汽车、摩托车及零配件展览会	15	160	1 300	1. 7—11
2	马来西亚国际家具展	62	1 400	1 500	3. 6—10
3	德国杜塞尔多夫春季鞋展	73	3 800	1 100	3. 14—16
4	粤港时尚生活展览会	200	20 000	2 300	3. 15—17
5	巴西汽配展	11	100	5 450	4. 10—14
6	2012 广东建材装饰产品阿联酋展览会暨企业开拓中东市场推介会	90	2 100	6 300	6. 18—20
7	美国拉斯维加斯保健及美容展览会	11	99	1 500	7. 22—24
8	南非国际家具展	11	300	1 500	8. 8—12
9	俄罗斯莫斯科国际汽车及配件展览会	25	250	1 100	8. 27—30

续　表

序号	展览会名称	参加企业数（个）	展出面积（平方米）	成交金额（万美元）	展出时间
10	德国杜塞尔多夫秋季鞋展	15	300	1 100	9.5—7
11	2012 年迪拜家具展	15	135	700	9.24—27
12	美国拉斯维加斯国际汽车零配件及售后展	47	400	1 350	11.02—08
13	2012 年第十届中国商品（印度孟买）展览会	263	7 500	1.5 亿	12.20—22
合计		838	36 544	3.2 亿	

第八章　2012年浙江省会展业发展报告

浙江省国际会议展览业协会

会展业素有“城市的面包”和“触摸世界的窗口”之称。会展举办城市在得到巨大的直接和间接经济效益的同时，加强了与外界的商贸、文化交流，推进了基础设施建设，提高了城市的知名度，优化了地区经济结构，对整个区域的发展都产生强大的推动作用。

2012年，全球经济仍处于复苏缓慢、难有明显起色而不确定因素增多的状态。世界经济持续低迷连带国际贸易增长步履蹒跚，特别是受欧洲债务危机影响，进出口市场呈现萎靡之势。受其影响，中国经济的增速放缓，整个会展经济也在一定程度上受到冲击。尽管如此，浙江省在宏观背景下攻坚克难，会展业仍保持了较高的活跃度和良好的发展态势。与此同时，会展业在结构调整、开拓市场、促进消费、加强合作交流、扩大产品出口、推动经济快速持续健康发展等方面发挥的重要作用日益凸显。

一、2012年浙江省会展业发展概况

1. 规模总量有所突破，品牌效应日益扩大

2012年，浙江省会展业发展取得不俗的成绩。据浙江省国际

会议展览业协会统计，2012年，浙江省举办展览711场，展览面积共计806万平方米（列全国第四位）；举办50人以上的专业会议2.91万场，万人以上的节庆活动462场；出国参展面积达30.5万平方米，国际标准展位3.39万个，相比2011年增长了17%（列全国第一位）；出省参展面积43.2万平方米，国际标准展位4.8万个，相比2011年增长了13%；提供社会就业岗位125万人；以上会展业直接产值达352亿元人民币，占全省GDP的1%，占全省第三产业的2.25%，拉动效应3 168亿元人民币，社会的贡献度较大。

从以上会展业发展取得的成果来看，2012年浙江省会展业发展的总体态势是稳中有升，其中出国展和出省展的成果格外显著，展示了浙江省会展在跨区域发展方面的独特优势。这说明浙江省会展行业发展已经与外向型经济基础形成了良好的结合，会展推动经济，经济促进会展的良性互动已经形成。

另外，2012年会展发展重点突出，特别是一些品牌展会获得了快速发展，提升了综合影响力。十年磨一剑，品牌铸造至关重要。例如，2012年杭州的西湖国际博览会，共举办130个会议、展览、活动项目，实现贸易成交额221.34亿元，协议引进外资10.55亿美元，协议引进内资202.04亿元。来自40多个国家的友好城市代表、驻华使领馆代表等中外来宾、客商和市民、游客共1 487万人次参加了本届博览会。2012年的义乌小商品国际博览会（第18届）主展馆设国际标准展位6 000个，展览面积15万平方米，共有2 892家企业参展，展品分别来自境外63个国家和地区、境内30个省（区、市）；有来自206个国家和地区的193 552名客商参会，其中境外客商20 886人，实现成交额163.40亿元。2012年第十一届中国国际日用消费品博览会（宁波举办）展览面积12.5万平方米，共有1 800余家境内外企业参展，展览商品10余万种。境外11个国家和地区以及国内17个省（市）和浙江省11个地市分别组团参展。到会专业客商3.5万余人，其中境外采购商1.05万人，分别来自78个国家和地区，有 20 家跨国集团到会采购，贸易成交额达 5.86 亿美元。

除此之外，宁波国际服装服饰博览会、中国国际家居博览会（宁波）、杭州国际动漫节、中国杭州文化创意产业博览会、中国义乌国际森林产品博览会等一批有代表性的展会也都取得了高速发展，在全国乃至世界范围内形成了一定的影响力，也为浙江省在全国会展行业中的领先地位奠定了坚实的基础。

2. 展览会议良性互动，节庆活动底蕴十足

浙江省不仅在展览业上成绩不凡，打造出了多个具有良好口碑的龙头展览，同时在会议方面也是加大了力度，着力于举办水平高、范围广、专业性强、影响力大的高端会议和论坛。2012 年，杭州市政府继续贯彻和落实“打造最具魅力的国际会议目的地”的目标，实现了会议行业的新突破。2012 年杭州的宾馆饭店等会议场馆共承接各类会议9 260个，同比增长 8%。其中国际会议 535 个，占 5.78%，同比增长 18%，较往年均有较大提升。据中国会议酒店联盟统计，杭州市会议产业已在全国大中城市中位列第三。

在大办举办会议的同时，很多会议还作为“展中会”、“展前会”、“展后会”的形式与展览业密切结合，形成良好的互动效应。例如，在 2012 年的西湖国际博览会中，第十三届中国杭州国际汽车工业展览会、2012 中国国际智能博览会、2012 中国（杭州）物联网产业博览会、浙江省第十九届房地产博览会、第七届中国国际休闲产业博览会等核心展览会之间穿插了国际投资合作大会、2012 第六届中国—拉美企业家高峰会、第十四届西湖国际中小企业研讨会等高端会议。中国义乌国际小商品博览会也与义乌当地举办的中国商品交易市场发展高峰论坛、中国国际商贸发展大会、第六届中国中小企业节等高层次的会议论坛良性结合，以展促会，以会促展，发挥了会议、展览二者的协同效应。一方面扩大了会议和展览的影响力和号召力，另一方面也为企业之间的贸易合作提供了更好的平台。

与此同时，浙江省的节庆活动在结合各地人文特色与地理资

源的基础上，因地制宜，百花齐放。杭州的烟花大会点燃品质杭城的浪漫因子；钱江观潮节展示了奔腾江潮中的激情豪迈；嘉兴端午民俗文化节传承了千年的文化；宁波的梁祝文化节诉说亘古不变的爱情诗篇；余姚的杨梅节体现了平凡生活中的趣意盎然；还有平湖的西瓜节、余姚四明山旅游节等活动，都日益成为全国闻名的、民众参与度高的节庆活动。

3. 国际展览再创佳绩，引进走出相互补充

“引进来”和“走出去”两者缺一不可，相辅相成。浙江省对于展览“引进来”和“走出去”的重视是探索具有浙江特色的产业国际化和企业国际化发展的新模式。

浙江省在区域特色展览不断取得成绩的基础上，也重视对国外一些优秀展览、展商的引进。这样在增加展会的影响范围之余，还可以学习和借鉴其专业的管理方式。从省会城市杭州来看，2012年的国际展览占到全年总展览的18.1%，可见浙江省各地对“引进来”的重视。2012年义博会的展品分别来自境外63个国家和地区，有来自206个国家和地区的193 552名客商参会，同比增长7.67%。其中境外客商20 886人，同比增长7.83%。到会外商居前五位的国家和地区依次是韩国、印度、中国台湾、美国、伊拉克。实现成交额163.40亿元，同比增长3.73%，其中外贸成交额15.83亿美元，占总成交额的61.6%，同比增长6.53%。2012年4月，义乌首次举办进口商品展，“试水”进口、转口贸易，吸引了来自德国、法国、西班牙、日本等80多个国家（地区）的300多家企业参展。另外，嘉兴继杭州之后成功引进了由浙江广电集团和韩国光州文化放送株式会社主办韩国“国际3D魔幻艺术中国特别展”，反响强烈，展出天数达到43天，观众人数超过5万人，票房收入超过150万元。

同时，“走出去”项目也在如火如荼进行。义博会与香港环球资源公司合作，成功组织在迪拜和印度的2个境外展中展。在迪拜，义博会深受中东客商的欢迎，共接待专业采购商10 640人次，同比增长18.2%。在印度，义博会印度展组织20家企业参

展，设展位29个，同比增长16%，展位数创历届之最。另外，浙江省的本土民营会展企业的国际化也在不断加快。浙江远大国际会展有限公司先后组织省内进出口企业参加了在美国、德国、法国、巴拿马、日本、沙迦、马来西亚、澳大利亚、喀麦隆及中东、中国香港等国家和地区举办的各类专业展会88场，展位达2 380多个，参展面积2万平方米。特别是自办的日本大阪、越南、迪拜等浙江出口商品展，影响较大。浙江德纳展览有限公司亦多次组织中国企业赴东南亚、欧洲、非洲等地区的境外展览会参展考察。另外，浙江省的本土民营会展企业的国际化也在不断加快。浙江中博展览股份有限公司、宁波华博会议展览有限公司、浙江德纳展览有限公司都是其中的领跑者。

浙江是个资源小省、外贸大省，浙江企业出省参加国际性专业展积极性很高，特别是参加专业性的国际贸易展会。据跟踪参加广交会、华交会、东盟博览会、东亚博览会、南亚博览会及北京的中国国际时装周、中国国际门业展等，上海的国际太阳能展、工博会、法兰克福汽配展、家纺展等，广州的华南印包展、办公家具展、家纺展、法兰克福照明展等20多个专业性国际贸易展统计，参展面积达43.2万平方米，4.8万个标准展位。仅广交会浙江参展企业达2万多个展位，占广交会展位数的18%。华东出口商品交易会20%左右的展位是浙江企业。据浙江省商务厅综合处在2 000多家外贸企业的抽样调查中，62%左右的出口订单都是参加各类专业贸易展览会上获得的，所以这类展会特别受到参展企业的认可。

二、2012年浙江省会展业发展特征

1. 区域合作趋于紧密，大会展格局初步形成

浙江省会展经济形成东、北、南、中四个会展区域格局。其

中，北部地区以杭州的“西湖博览会”独占鳌头、海宁的“中国皮革博览会”和“中国家纺博览会”联袂唱戏；东部地区以宁波的“中国国际日用消费品博览会”和“国际服装节”双双领跑；南部地区以温州的“中国轻工产品博览会”独树一帜；中部地区以义乌的“中国国际小商品博览会”独领风骚，绍兴的“中国国际纺织品博览会”、永康的“中国五金博览会”、台州的“中国塑料交易会”、“中国日用商品交易会”精专搭台。其中，以义乌为代表的中部地区发展最快，东部地区紧随其后，北部地区蓄势即发，南部地区相对滞后。

浙江省各区之间虽有强弱之分、地域之异，但是，相互之间联系密切。面对国内外会展行业的竞争和挑战，为谋求共同发展，相邻城市之间相互协作，加速会展经济向国内外辐射和延伸；实现优势互补、资源共享，提高市场竞争和市场占有率。如杭州在大力举办会议展览的同时，将部分国际友好城市市长峰会、中国城市会展发展大会等部分项目延伸到周边县（市）举办，推动了区域会展共同发展。义乌充分利用会展这一平台，加强与全国优势产业基地的政府部门和机构的联系，积极引导各地专业机构来义乌办展或组团参加专业展会。消交会引进了浦江缝纫产业基地，五金会引进了永康五金工具基地，义博会引进了江西景德镇陶瓷基地，旅博会引进了广东潮州酒店用品基地，义博会机械展引进了温州瑞安轻工机械基地，汽车用品交易会引进了天台汽车用品产业基地。2012年6月由温州永嘉展览公司在义乌主承办的教玩具展览会，展位321个，参展企业绝大多数来自享有“中国教玩具之都”的温州永嘉县。另外，柯桥主动开展到杭州、宁波等城市展会对接活动。而嘉兴会展中心则尝试与兄弟会展中心等展览公司进行合作，开展了代理招展招商工作，多渠道谋求企业发展壮大。各区域间相互交流和学习，事先通报有关展会情况，避免重复办展以致影响效果。并与当地产业特色相结合，形成多个地区之间有效联动的大会展格局，共同提升浙江省会展综合实力。

2. 会展城市各具特色，错位发展相得益彰

浙江省专业市场数量多，规模大，综合能力强，辐射范围广，被誉为中国“市场大省”，在城市会展发展路径中，差异化发展突出。首先，不同城市的功能定位、地域特色不同，杭州具有得天独厚的文化和经济优势、行政优势、旅游优势、创新优势，这就决定了杭州具有突出的综合优势。因此，在展览业大力发展的基础上，打造最具魅力的国际会议目的地是其会展发展突破口。宁波在产业、场馆和物流、城市知名度方面优势明显，进出口贸易频繁，因此，倾力办好“浙洽会”外，可以将日用消费品博览会、服装服饰博览会作为重点发展。

另外，浙江特色块状经济是浙江会展业可持续发展的基础。据国家统计局对全国 532 种主要工业产品调查，浙江有 56 种特色产品产量居全国第一，居前 10 位的产品有 336 种。全省产值超过亿元的各类特色产业区块有 500 多处，涉及 100 多个大小行业的 20 多万家企业。浙江省特色产业优势，成为浙江发展会展业的有效资源，也成为会展业发展壮大的持续动力。如宁波市服装市场、义乌市中国小商品市场、绍兴市轻纺市场、永康市五金市场、海宁市皮革市场等在全国乃至世界都享有盛名，为会展业的形成和发展打下了坚实的基础。浙江会展业以地方特色产业为依托，成为浙江会展业发展的独特模式。宁波消博会与服装节、中国（义乌）国际小商品博览会、中国（温州）国际机床工模具展览会、中国（绍兴）纺织品博览会、中国（余姚）塑料博览会、台州塑料制品交易会等相继成为浙江省乃至全国重要的品牌展会。

从以上城市会展状况可以看出，不同城市分别在会展产业发展上走出了自己的特色，避开直接竞争，形成错位发展，同时彼此之间又能形成有效补充和良好沟通，共同构成了浙江省会展业发展的良好格局，并推动会展经济的健康、长足发展。

3. 办展主体多元化，县域会展初显活力

办展主体多元化是我国现代会展发展的趋势和方向，国有展

览机构、行业协会、会展公司等越来越多元化的主体，以及不同主体之间的合作办展，展示了会展行业的蓬勃发展。基于浙江地区块状经济特色，浙江省会展业的市场化运作程度也明显高于全国其他省市，在办展主体多元化方面居于全国领先地位。贸易型会展占据了主导地位，民营企业在参展企业中占据很大份额。办展主体由单一政府主导转向政府牵头监督，其他办展主体主办，如杭州西博会、义乌义博会、森博会、宁波消博会等全都是这种模式。产业化运作有利于会展行业成为地方支柱型盈利产业，有利于经济结构转型。

基于浙江省县域的“特色产业集群经济”，浙江省的县域会展已经初显活力，形成了一定的气候，未来发展潜力巨大。如余姚、慈溪、绍兴县、温岭，永康等县或县级市都拥有本地的会展中心，并依托地方块状经济培养了塑料博览会、轴承及专用装备展览会、纺博会、五金博览会等一批独具地方特色的专业展会。同时，为正确引导、鼓励和支持、促进我国县域会展经济的发展，使会展产业更好地为县域经济发展服务，并摸索出县域会展业可持续发展的模式，2012年，浙江尚海投资发展有限公司、浙江省东方会展产业研究所和浙江省会展学会三家单位联合发起成立中国县域会展经济专业委员会，专门从事中国县域会展经济研究。

三、未来发展趋势展望

1. 做大做强重点展会，提升品牌影响力

会展业的持续兴旺和效益增长，有赖于树立和维护会展品牌。重点展会具有强大的辐射带动作用，因此浙江省要做大做强品牌展会，东北南中区域应培养起龙头展会，做精做实一批专业

品牌展会。强化展会特色，创新展会形式，突出展会主题，提升展会品质，整合会展资源，扩大宣传途径，进一步打造杭州的“西博会”、宁波的“消博会”、义乌的“小商品博览会”等主要会展品牌，赋予这些会展品牌以丰富内涵，使之成为当地一种符号和象征，扩大国际性影响。在培养品牌会展的基础上，进一步加强这些展会对该区域经济、文化等多方面拉动作用。同时亦要提高展览场馆设施标准和专业会展人才水平，这是打造重点展会的基础，从而多力齐发共同打造专业化程度高、市场竞争有序、服务体系完备并能接轨国际水平的品牌化、高端化展会。

2. 加强规划与监管，引导行业创新发展

为会展业创造良好的发展环境，政府应挑重担。将会展的发展纳入城市的整体规划中，明确会展业在城市中的地位，制定会展业总体发展目标和长远规划，根据地方发展情况合理规划会展硬件设施及交通、运输、酒店、信息传媒等配套服务设施建设。同时，应尽快制定与会展发展相关的，包括场馆建设、会展主体建设、会展运输、特别是知识产权方面的政策法规及实施细则。

进一步强化会展行业协会的桥梁和纽带的作用，建立和推行符合国际惯例的会展项目评估和主体资质认证，完善信息联络、代理咨询、调解等服务功能；发挥行业统计、调查、分析等自律管理作用，进一步提高服务水平；引导会展企业创新，强化信息化管理并开辟电子会展、网络会展等新途径，推动会展经济获得健康持续发展。

浙江省会展业组织管理亦应摆正政府位置。首先应明确政府管辖职能，并将政府由过去的直接领导、管理转变为指导、协调、支持、服务上来。同时，加强行业监管，规范会展秩序。对于审批的会展应经过认真审核，淘汰不合格的展会，提高我省展会的质量。

3. 促进校企会三方互动，加强行业教育和培训

学校是会展人才培养的摇篮，现在浙江省开设会展专业的学校已有多所，但在与实践对接的人才培养上还有待于进一步完

善。同时要注意人才培养中的差异化，这样才能有利于会展各个产业链上都拥有专业人才。目前，会展的教育体制制约着会展人才的发展，并且学校的教育制度、课程体系一定程度上制约了完全的市场化。因此，学校应加强与会展企业以及会展协会的联系，以市场和社会需求为导向的运行机制，从而使学校、企业、协会三方合作模式得到真正落实。第一，开展紧密型合作，如“联合培养班”、“企业班”等做法；第二，开展制度型合作。校企合作行为应该更加规范化，教学参与、生产实践参与都应建立长期合作机制。安排广泛的实习活动，为学生创造接触行业第一线和亲身实践的机会。第三，会展协会应从更细心、更具体、更专业的角度，加强与学校的交流合作，开辟将学校纳入会员单位的新道路，使产业结构更趋完善。

第九章　2012 年山东省会展业年度统计

山东省会展业协会

2012 年山东省共举办展览会 571 场次，较 2011 年增长 6.7%；1 万平方米以上的 273 个，较 2011 年增长 37%；展览总面积 787.2 万平方米，较 2011 年增长 13.4%；节庆活动 387 个，会议 594 个。2012 年，全省会展业直接收入达 39.26 亿元，较 2011 年减少约 7.6%，拉动相关产业收入 353 亿元。

现有主要会展场馆 32 个，总建筑面积 228.5 万平方米，可供展览室内面积 92.9 万平方米，室外展览面积 71.1 万平方米，国际标准展位 4.6 万个。（如表 9—1、9—2 所示）

表 9—1　2012 年度山东各市会展举办情况统计表

项目 城市	展览会（场）	1 万平方米以上的展览会（场）	展览面积（平方米）	节庆活动（场）	会议（场）
济南市	155	63	2 200 000	88	138
青岛市	105	76	1 368 000	40	8
淄博市	16	6	493 000	7	—
枣庄市	3	3	395 000	2	—
东营市	23	10	266 900	16	—
烟台市	58	20	581 220	41	32
潍坊市	45	24	576 000	6	26

续　表

项目 城市	展览会（场）	1万平方米以上的展览会（场）	展览面积（平方米）	节庆活动（场）	会议（场）
济宁市	8	4	110 000	4	14
泰安市	1	0	1 000	3	2
威海市	95	26	570 000	53	112
日照市	10	4	83 600	3	36
莱芜市	22	4	198 000	3	120
临沂市	42	17	543 900	22	1
德州市	15	6	198 600	59	62
聊城市	0	0	0	14	5
滨州市	6	5	157 000	4	
菏泽市	5	5	130 000	22	38
合计	609	273	7 872 220	387	594

注：节庆活动与会议为不完全统计。

表9—2　2012年度山东各市会展场馆情况统计表

	名称	总建筑面积（平方米）	可供展览室内面积（平方米）	可供展览室外面积（平方米）	标准展位个数
济南市	济南舜耕国际会展中心	41 000	16 900	10 000	1 000
	济南国际会展中心	150 000	50 700	35 000	3 000
	济南园博园国际会展中心	41 500	15 000	9 000	550
	山东机械设备展览中心	12 600	12 000	0	600
青岛市	青岛国际会展中心	148 000	50 000	50 000	3 000
	青岛国际博览中心	200 000	120 000	60 000	6 000
	山东农产品交易中心	100 000	25 000	6 000	1 200
	青岛银海海星国际会展中心	13 000	12 000	5 000	300

续 表

	名称	总建筑面积(平方米)	可供展览室内面积(平方米)	可供展览室外面积(平方米)	标准展位个数
淄博市	淄博国际会展中心	113 000	45 000	25 000	1 500
枣庄市	枣庄会展中心	26 000	5 000	1 500	400
东营市	东营黄河国际会展中心	81 210	18 550	15 000	836
	东营广饶国际会展中心	56 000	20 000	3 000	550
烟台市	烟台国际博览中心	158 000	59 360	20 000	3 800
	中国莱州国际会展中心	26 000	26 000	66 000	1 000
	烟台旅游大世界	48 600	4 000	40 000	200
潍坊市	潍坊富华国际展览中心	48 000	27 070	12 000	1 200
	潍坊寿光国际会展中心	60 000	28 000	40 000	1 300
	潍坊金宝国际会展中心	48 000	28 000	20 000	700
	潍坊昌邑北方绿化苗木博览会绿博园	20 000	10 000	0	500
	潍坊市青州国际会展中心	96 000	24 000	0	1 200
	潍坊鲁台会展中心	120 000	50 000		2 500
济宁市	济宁曲阜孔子文化会展中心	129 000	40 000	37 000	978
威海市	威海国际展览中心	55 800	26 600	9 000	1 100
	文登国际会展中心	49 000	30 000		1 500
日照市	日照会展中心	26 000	8 000	12 000	300
莱芜市	莱芜会展中心	40 500	14 400	12 000	1 000

续　表

	名称	总建筑面积(平方米)	可供展览室内面积(平方米)	可供展览室外面积(平方米)	标准展位个数
临沂市	临沂商城国际会展中心	69 822	34 900	20 000	1 600
	临沂鲁信国际会展中心	33 000	19 440	13 560	1 000
德州市	德州市会展中心	12 050	6 000	10 000	300
	德州太阳谷国际会展中心	110 000	60 000	50 000	5 000
滨州市	滨州国际会展中心	113 000	13 000	40 000	1 000
菏泽市	菏泽中国林展馆	40 000	30 000	90 000	1 000
总计		2 285 082	928 920	711 060	46 114

注：泰安市、聊城市2012年无专门会展场馆使用。

第十章　2012 年江苏省会展业年度发展报告

江苏省会议展览业协会

2012 年是中国会展业在“稳增长控物价调结构”方针指引下，走过的极其艰难的一年，也是江苏会展业富有创新、创意和创造性发展的一年。

2012 年以来，世界经济复苏放缓，国际国内外部需求持续低迷，江苏省经济发展的总体形势严峻复杂，各种不稳定、不确定的因素依然众多。这不但对全省社会、经济、人民生活造成了极大的影响，也对全省会展业的发展，提出了更高的要求和希望。

面对复杂多变的国内外形势，江苏会展业坚持以“创业创新创优，争先领先率先”的新江苏精神作为各项工作的指导思想，坚持以科学发展为主题，以转变经济发展方式为主线，牢牢把握稳中求进，好中求快，持续发展的总基调，全省会展业取得了令人鼓舞的新进步。

据不完全统计，2012 年，全省各地组织举办和承办的各类展览会、博览会达到 550 个，展出面积 520 万平方米。展览数量略有下降，展出面积反而略有增长。其中，各级政府有组织举办的各种境内外主要展会 99 个，比 2011 年增加了 7 个。有近万家企业及产品通过参加展会的形式，销往境外和国外。全年组织举办和接待承办的各类国际、国内会议 5 万多个，比 2011 年同期仍有不同程度的增加。全省全年在省内外组织和举办的各类节事节庆活动 600 多个，比 2011 年同期亦有所增长。

一、充分发挥展览的窗口、平台和经贸交易作用

为了克服和战胜国际、国内各种严峻的经济形势和复杂局面的严重挑战，江苏会展业充分发挥会展行业在困难局面面前、在经济危机面前不畏艰险、迎难而上的精神，更加充分地显现出行业标杆、产业窗口、展示平台、经济风向标的重要作用。

1. 坚持境内境外展会一起抓，把推动本土展会发展和深度拓展境外国际展会市场统一起来

实行大部制以后，坚持内外贸一体化发展战略，帮助企业双向拓展市场，提升统筹利用两个市场、两种资源的能力，成了共同的愿望和共识。江苏省商务厅在认真总结 2011 年贸易促进计划执行情况的基础上，继续加强对境内外展会的分类指导和目录管理，研究制订了全省重点支持的展会目录，制定印发了 2012 年贸易促进计划。列入计划的境内外重点展会共 99 个，其中境外展会 75 个，境内展会 24 个，均比 2011 年略有增长。将组织和帮助企业积极参加境内外展会，深度开拓国际国内市场作为贸易促进工作的重要内容，对全省会展业起到了积极的推动作用。

实施分类指导和目录管理以后，一方面，对境外展会按自办展会、重点展会和推荐展会实施不同的管理办法和扶持政策。另一方面，充分调动全省各地的积极性，引导各地结合实际、高度重视、统筹协调、积极对接、广泛宣传、精心组织，扎实推进全省会展业健康发展。

2012 年，江苏在积极组织企业参加广交会、华交会、大阪展、亚欧博览会等境内外重点展会的同时，还充分利用区域贸易协定的优惠政策，更加注重拓展新兴市场及周边市场，重点扶持一批新增的非洲、南美洲、大洋洲的展会。全年共重点组织了

100多次境内外展会，参展展位超过1.5万个，参展企业超过8 000家。

为了推进进口平台建设，结合区域口岸优势，加快大宗商品和部分消费品的集散地的建设，通过创办具有特色和重点的新兴展会，强化和促进贸易进口，2012年3月29日，江苏昆山成功地举办了首届中国国际进口商品博览会。通过加强进口来促进中国外贸转变发展方式，促进外贸协调发展的重要举措，不刻意追求顺差，致力于贸易平衡发展、协调发展，向国际社会传递出一个强烈的信号：扩大进口。用实际行动转变外贸发展方式，实现贸易均衡发展，打开了外贸发展新的空间。全国首个国际产品进口博览会不但令人鼓舞地取得了意想不到的成功和影响，而且给人启迪的是，会展业又成了行业和产业转型升级、转轨提升的最佳选择和最佳平台。

2. 坚持区域经济、城市经济与会展经济的有机结合，相互促进，共同提高

在新时期江苏精神的指引下，我们坚持“三创三先”，在继续推进“三沿”开发、建设共建园区和出口基地的同时，更加注重会展业在全省的空间布局和地域重点布局，把全力打造国际会展平台建设列入全省三大平台建设之一。

2012年，从全省会展场馆的平台建设方面来看，南京市不但启动了河西国际博览中心的二期工程建设，而且规划了南京市会展业国际化建设三年行动计划（2013—2015年），计划在南京禄口国际机场周边预留50万平方米的展览场馆建设用地。苏州市在尝试苏州国际博览中心和苏州文化艺术中心并轨经营、集中管理的同时，也启动了苏州国际博览中心的二期增建和改造工程。无锡太湖国际博览中心则于10月份顺利完成二期建设，使实际展览面积整整扩大了一倍，达到6.4万平方米。扬州国际展览中心也在上半年完成了二期改扩建工程，新增展览面积7 000平方米，全馆承展面积达到1.5万平方米。镇江体育会展中心在年内顺利建成，可以承担展览任务的展馆面积达到2万平方米，填补

了镇江市没有符合国际标准、无法承担国际性展会的空白。以上这些在会展场馆和展示平台方面的硬件工程建设，都为全省各市、各地承担和发展会展经济奠定了重要基础。

3. 坚持“引进来”与“走出去”同时并举，促进江苏会展业国际化程度不断提升

2012年，江苏省委、省政府最新确立的江苏经济国际化战略目标，经济国际化与基本实现现代化相结合，加快形成以国际化企业为主体，国际化城市为基础，国际化人才为支撑的对外开放新局面。在贯彻和实施经济国际化的“江苏战略”中，会展业更能展现和发挥其独特的作用。

在江苏会展业国际化之路的探索过程中，南京会展业是成功的典范。多年来，南京会展业大胆迈出国门，坚持走国际化合作的路子，先后与汉诺威、斯图加特、莱比锡、菲德烈斯哈芬、荷兰、丹麦、中国台湾、中国香港等国内外多家展览公司建立了长期稳定的合作关系，成功地引进了德国斯图加特展览公司，并在南京成立注册500万元的第一家国外展览公司，第一个引进并联合成功举办了“亚洲户外用品展”，第一个引进并落户南京举办了“台湾交易会”。2012年，已经落户并成功在南京举办的国际性知名展会达到11个之多。连续举办7届的“亚洲户外用品展”已经成为与美国盐湖城、德国菲德烈斯哈芬的欧洲户外用品展并称齐名的世界三大户外用品展之一；连续举办4届的“台湾名品交易会”也成为台湾会展界在大陆举办的同类展会中规模最大、影响力最广、展会观众最多、展会效益最好的展会之一。

与此同时，江苏走出去的境外展会成为着力培育新的外贸增长点、提升外贸增长后劲、实现“稳增长、调结构”、促进江苏经济平稳健康发展的重要方面。在2012年省政府重点扶持的75个境外展会就占到全省重点扶持的近百个展会的3/4以上。

2012年以来，受国际金融危机的冲击，江苏的加工贸易和出口增速明显下滑，在转型升级的压力下，扩大内需和组织内销成为2012年以来应对危机的有效途径之一。江苏在借助会展平台

和展会渠道，广泛组织江苏企业进行内销。在扩大内销渠道的同时，还有针对性地组织专题展会，帮助企业主动转型，积极探索内销、转型之路。江苏省政府组织的“江苏产品万里行”，以集中形象展示，集中强势推销的形式，在2012年的特定时间段，连续在南昌、郑州、济南、重庆等4个城市，举办了4届“江苏产品万里行”的集中展示活动。每届展会展示面积2万平方米，参展企业五六百家，出展摊位超过1 000个，带动2 000多家江苏企业和数千种江苏产品走出省门，走向全国。不但展示销售了江苏的各类产品，而且扩大和加强了江苏企业、江苏产品与展会举办所在地城市、企业、经济之间的联系，扩大了国内市场的覆盖面，增强相互了解，推动产业合作，实现互利共赢的目的。

二、用创新精神指导创新实践

2012年是“十二五”规划中承上启下的重要一年，也是江苏经济承前启后持续发展的重要一年。江苏会展业积极响应和认真贯彻江苏省委、省政府关于“创业创新创优、争先领先率先”的新时期江苏精神，努力运用创新精神，指导全省会展实践的创新活动。

1. “精耕细作”，把会议产业作为江苏会展业发展的新增长点

会议产业本身就是会展经济的重要组成部分，在江苏会展业的发展过程中，占有重要地位。从进入21世纪以后的十多年来看，江苏的会议产业发展，无论在数量上，还是质量上都有大幅度的提升。其中国际性会议所占比重不断增加，规模、质量、影响力连续扩大。政府和行业商协会的会议，特别是全国性的部门或专业会议更是以每年20%～30%的比例增长。

2012年，按照国务院两部委下发的“关于严格控制以政府和

政府部门名义在华举办和参与举办一般性会议论坛”的要求，特别是十八大以后关于改革会风的规定，会议论坛的数量有所控制，会议的质量有所提高。政府类会议有所调控，但经贸类、发展类的会议论坛仍然不减。全省各地各类会议接踵而至。第五届中国国际服务外包合作大会、中美城市经济合作和投资会议、2012海峡两岸企业家紫金山峰会、推进跨国公司地区总部和功能性机构发展大会等一系列大型国际会议的接连举办，一方面说明了在世界经济萧条的情况下，世界各国更加注重中国市场，更加希望通过参加中国内地各种类型的会议，积极寻找商机，寻求合作，探寻解困脱危之路。

另一方面，全省各地也更加重视走出去，到世界各地去举办各种类型的推介会和洽谈会，寻求更多的合作商机。比如，江苏省利用英国伦敦奥运会的时机，在伦敦组织举办了以“人文江苏，添新奥运”为主题的2012“感知江苏”文化周。南京市以推广青奥会为契机，举办了“当南京邂逅伦敦”为主题的推介会，向全世界发出了“相聚伦敦，相约南京”的邀约。无论是同期的展览还是会议，都为江苏和南京争得了头彩，扩大了影响，提升了国际化的程度。南京市在全国举办国际性会议城市的排位中名列第5位，2012年全市共举办规模以上会议1 687个，其中国际性会议448个，同比增长23.7%。

2.“融合发展”，把文化、旅游与节事节庆活动有机结合起来，放大会展经济的汇通融合功能

在大会展理念指引下，我们将文化会展、旅游会展与节事节庆活动有机结合起来，加强在大会展旗帜下的汇通融合。在文化会展方面，全省通过多年努力，已经逐步形成了以南京文交会、苏州文博会和无锡文博会为标志的三大文化类展、博览会和交易会，而且在2012年9月9日—10月10日，在全省组织举办了第一届江苏省文化艺术节，在全省13个市分别组织举办了130～140多场文化、文艺类的演艺、展演、展示活动，集中展示了江苏文化艺术的创作和演艺成果，为迎接十八大的胜利召开，烘托

了气氛，强化了氛围。在会展旅游方面，更加注重将会奖旅游、奖励旅游与商务旅游、会展旅游有机结合，在重点打造区域性旅游会展的同时，更加注重运用办展办会的形式，提升全省各地节事节庆活动的策划水平和运作能力。将当地一时一事的节事节庆活动，通过主题提炼、策划升华、运作深化、组织市场化，使之更加能够适应市场化运作发展的需要，同时又能保持和发扬乡土文化、民众风俗风趣的大众化口味，保持其群众性喜闻乐见的特点和特色，使之具有更为强劲的持续性和生命力。

3. 品牌提升，积极引导江苏会展业，坚持品牌发展战略，走质量取胜之路

为了适应结构调整、转型升级的需要，江苏省特别注重积极引导江苏会展业围绕“稳增长、调结构、促转型”的总体方针，在全省开展和贯彻实施品牌会展发展战略。从 2012 年下半年开始，在全省范围内广泛开展争创和组织江苏品牌展会、优秀展会、创新展会的总结、评比、表彰活动。通过大力宣传，在各市层层推荐和推选的基础上，从全省已经举办的 650 多个展会项目中，推选出一批有代表性的展会项目。经过协会初评和专家评审等多道评审，共评出了 51 个获奖的展会项目。其中，以“亚洲户外用品展览会”为代表的 17 个展会项目获得了“江苏省品牌展会”称号，以“南京台湾名品交易会”为代表的 26 个展会项目获得了“江苏省优秀展会”称号，以“中国国际进口产品博览会”为代表的 8 个展会获得了“江苏省创新展会”称号，大大鼓舞和激励了全省会展业界，在社会上引起了极大的反响，也更加坚定了江苏会展业坚持走品牌发展之路的决心。

三、为江苏会展业健康发展打基础

受国际国内政治、经济、社会等各种不利因素的干扰和影

响，江苏会展业在2012年度内，更加注重从加强自身建设、增强会展企业自身实力以及应付困难局面能力的角度，从加强基础建设的角度去做工作，积极探索在困难局面情况下，摆脱困境，闯出新路。

一是进一步加强全省各级会展组织和机构的自身建设。省协会加强了与各市会展办、会展行业协会及其他会展组织的沟通与联络，积极支持和帮助各市、各地创造条件成立自己的会展行业协会及其他会展组织，积极开展工作，发挥作用，活跃中介机构的活动和工作，协助各地组织和举办各类会展培训和交流工作，促进会展中介组织和机构的建设。

二是通过组织各类活动，促进会展企业、会展组织之间的相互学习和交流，促进合作和共同提高。省协会通过组织省内会展企业和会展从业人员在省内外、长三角内外、国内外进行同业学习、走访和交流活动，向省外、国内的先进地区、先行城市、先进企业取经学习，到欧洲、香港、澳门和台湾等地，与会展同业同仁进行相互交流和合作，从而开阔眼界，增进友谊，加深了合作和了解。

三是通过组织培训和逐步建立健全各项制度，培养人才，完善基础工作。2012年，全省通过多次培训，逐步建立和健全会展统计制度。南京、苏州、无锡等市会展办、会展行业协会分别与市统计局合作，分批培训，分别统一制定了各市进行会展统计的制度和办法，省协会在省商务厅的指导下，不但有重点地推荐12家会展企业（场馆）成为商务部商贸流通业统计调查典型企业，建立起全省会展业重点企业网络直接试点企业和试报网络，而且有重点地组织建立起全省的会展基础数据的统计工作网络，为进一步建立和完善全省会展统计网络和制度打下了基础。

党的十八大的胜利召开，标志着我国的政治、经济、社会、文化和生态文明建设又将进入一个新的历史发展阶段，也为会展业的发展指明了新的努力方向。我们应该在认真总结和回顾2012

年全省会展业发展过程中已经取得成绩和进步的同时，以积极的态度，去正视和对待前进中的困难、问题和不足，努力发挥自己的主观能动性，在思索中前进，在创新中发展，在不断前行的道路上去创造新的业绩，去追求新的进步。

第三部分

领 域 报 告

第十一章　2012 年中国会展教育年度报告

浙江省会展学会秘书长　丁萍萍

当前，中国会展业迎来了发展的最好时期。广州、上海、天津相继被确定为国家级会展项目进行大规模建设，目标是世界顶尖级的会展综合体。浙江的义乌也被确立为国家级会展平台。

根据中国会展经济研究会统计工作委员会 2012 年 5 月公布的数据，2011 年全国共举办展出面积在5 000平方米以上的展览7 333场，展出总面积8 173万平方米。与 2010 年相比，办展数量增长 18.21%，展出面积增长 5.59%。

2012 年，中国商务出版社出版的《中国会展产业年度报告2012》指出，根据商务部所作的基础统计，2011 年中国会展业直接产值达3 016亿元，占全国 GDP 总量 0.64%，占第三产业总量13%。就业人数1 980万。会展业已经成为第三产业中具有较高贡献度的一个重要产业。

在中国会展业迅猛发展的大背景下，会展专业学历教育发展迅猛。毫无疑问，中国的会展学历教育规模全球居首。2012 年，全国招收会展专业新生的高等院校高达 213 所（未含大类招生），招收会展专业（不含方向）新生12 302人。

一、中国会展学历教育统计数据

根据我们所作的统计，2012 年秋季全国会展专业在校生为33 691人，其中本科生为9 631人。今后几年，全国会展专业本科和高职应届毕业生人数如下：2013 年8 831人、2014 年10 297人、2015 年14 563人（如图 11－1 所示）。

图 11－1　今后三年我国会展专业毕业生人数（2013—2015 年）

2012 年，全国开设会展专业的高等院校为 213 所，其中高职 159 所，占 74.6%；招收会展专业（不含方向）学生12 302人，其中高职9 446人，占招生总数 76.8%。短短 4 年时间，会展院校数和招生数均翻了一番（如表 11－1、图 11－2 所示）。2012 年招收会展专业学生高校的地区分布、专业名称、招生人数等具体情况如表 11－2 所示。

表 11—1　我国高校开设会展专业院校数和招生数变化情况（2008—2012年）

年份	高校数	其中：高职院校数	招生数	其中：高职招生数
2008	106	84	6 035	4 798
2009	140	108	7 857	5 725
2010	156	114	9 081	6 699
2011	187	145	10 176	7 915
2012	213	159	12 302	9 446
增长（%）	100.9	89.29	103.8	96.87

资料来源：中华人民共和国教育部

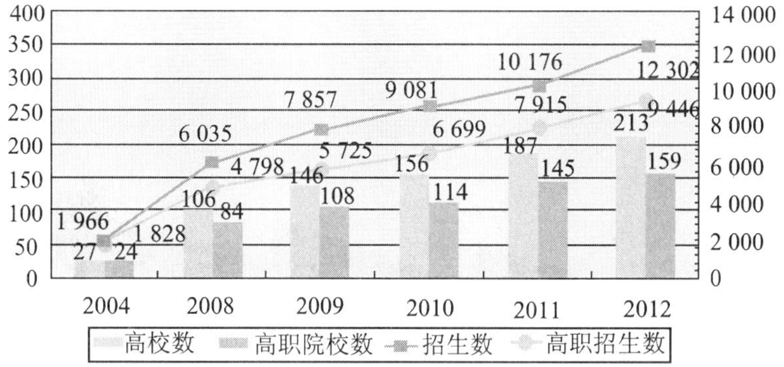

图 11—2　历年开设会展专业院校书和招生数变化情况（2004—2012年）

表 11—2　全国会展专业招生院校和招生计划一览表（2012年）

省市区	会展经济与管理		会展策划与管理		会展艺术与技术		广告与会展		总计
	院校数	招生数	院校数	招生数	院校数	招生数	院校数	招生数	招生数
北京	4	178	4	151					329
天津	2	81	7	493					574
河北	2	133	8	430			2	80	643
山西			4	220					220
内蒙古	1	33	1	50					83

续　表

省市区	会展经济与管理		会展策划与管理		会展艺术与技术		广告与会展		总计
	院校数	招生数	院校数	招生数	院校数	招生数	院校数	招生数	招生数
辽宁	2	130	1	70					200
吉林	1	62	3	140	1	112			314
黑龙江	1	36	5	220			3	101	357
上海	5	235	10	641	3	86			962
江苏			5	222	2	99	6	315	636
浙江	4	275	9	857					1 132
安徽			4	260	2	70	5	365	695
福建	1	55	4	346					401
江西			5	271					271
山东	1	40	8	450			2	100	590
河南	1	65	5	276			2	200	541
湖北	2	118	7	290			2	79	487
湖南	2	65	3	136					201
广东	7	547	13	1 023					1 570
广西	1	50	5	210	1	15			275
海南	1	34							34
重庆	3	206	6	346	2	30			582
四川			6	301					301
贵州			5	370			1	60	430
云南	1	40						40	
西藏									0
陕西			3	150	1	61	1	60	271
甘肃			1	20					20
青海									0
宁夏			1	40					40

续 表

省市区	会展经济与管理		会展策划与管理		会展艺术与技术		广告与会展		总计
	院校数	招生数	院校数	招生数	院校数	招生数	院校数	招生数	招生数
新疆			2	103					103
全国	42	2 382	135	8 086	12	473	24	1 360	12 302

2012年，教育部备案的4个会展专业新生占比如下：会展策划与管理为65.73%，会展经济与管理为19.36%，广告与会展为11.06%，会展艺术与技术为3.84%（如表11—3、图11—3所示）。

表11—3 会展各专业历年招生数占比变化情况（2008—2012年）

年份	会展策划与管理	会展经济与管理	广告与会展	会展艺术与技术
2008	72.38	19.01	7.13	1.48
2009	63.68	25.97	9.19	1.17
2010	66.91	22.27	6.86	3.96
2011	67.67	19.68	10.11	2.54
2012	65.73	19.36	11.06	3.84

资料来源：中华人民共和国教育部

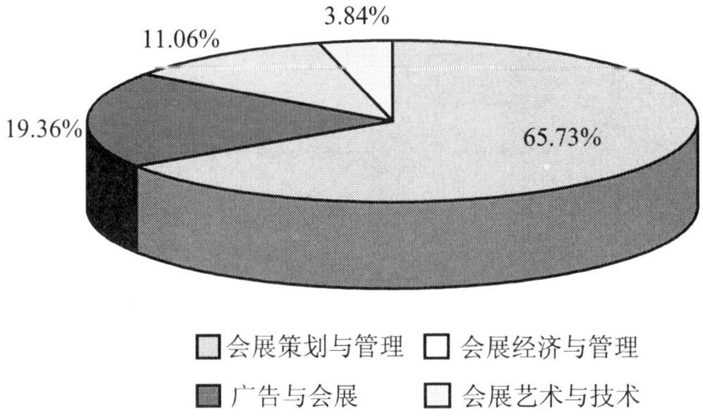

图11—3 教育部备案的4个会展专业新生占比（2012年）

二、中国会展教育数据分析

对以上数据进行分析，可以做出如下判断：

（一）招生总数逐年上升，2012年增速陡然趋急

2009—2012年，全国会展专业总招生人数的年增长率分别为：30.2％、15.6％、12.1％、20.9％。虽然呈逐年快速递增的趋势，但前两年增速有明显趋缓，2012年又陡然趋急（如图11—4所示）。

究其原因，主要受两方面因素影响：一是会展专业仍然被人才市场所看好；二是在教育系统，会展专业地位稳步趋升。2012年教育部的教指委转行指委机构调整，会展专业在本专科都被明确归为旅游大类，今后将加强行业指导。

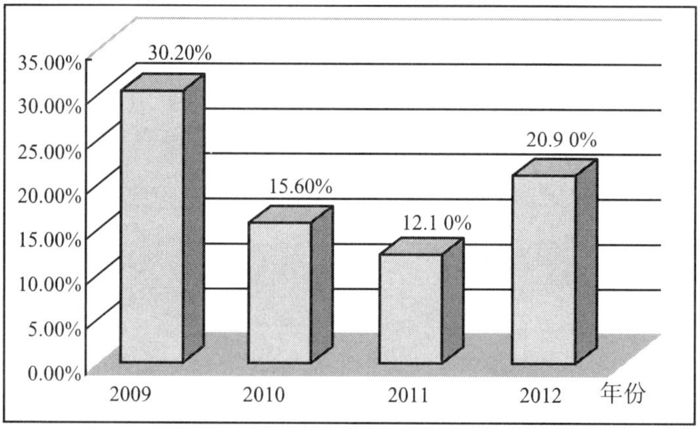

图11—4　我国会展专业招生规模历年增长情况（2009—2012年）

（二）院校类型以高职为主，会展策划与管理为主打专业

会展专业覆盖面广。2012年，甘肃也开始招收会展专业新生。目前除西藏、青海2个边远自治区外，全国（港澳台未统计）普遍开展了会展学历教育。我国自从开设会展专业以来，学生历年都是高职生占80％左右。近年来，本科院校的会展专业发展略快于高职，因此，高职招生数占比呈逐年微有下降的趋势。

在213所开设会展专业的高校中，其中为2012年新增的就有26所，占总数的12.2％。表11－3列出了最近5年各会展专业招生数的占比情况。大体上，会展策划与管理专业占2/3，会展经济与管理专业占1/5，另两个专业占1/10左右。会展策划与管理是我国会展学历教育的主打专业。

（三）长三角会展教育仍然领先全国，广东上升势头很猛

2012年，广东省会展教育规模一举超越上海、浙江，一跃成为全国最大的会展教育中心。2012年，广东有20所高校设有会展专业，招生数占全国的12.2％。浙江居全国第二，有14所学校设有会展专业，招生数占全国的9.2％。上海居全国第三（18所，占7.8％）。招生数排在前面的10省市（粤浙沪皖冀苏鲁渝津豫）均在500人规模以上，合计占全国64.4％（招生院校集中度上升，2011年前十合计是62.2％）。广东的本科教育，不仅数量大，名校比例也高于其他地区。

长三角地区（浙沪苏三省市）会展教育占全国比例虽然由2008年的35.9％下滑至22.2％，但仍明显超出其他区域，继续领先全国。

(四) 会展教育集中度较高，规模前 5 城市本科生占比大

2013 年春，全国会展专业在校生为33 691人，其中本科生9 631人。以各城市会展专业在校生人数排名，上海居首，2—10位依次是广州、杭州、重庆、北京、天津、合肥、济南、武汉、石家庄（如图 6—5 所示）。10 城市在校生为18 052人，占全国的53.6%。其中本科6 292人，占全国的 65.3%。其中，列前 6 位的城市中，5 个直辖市悉数入围，唯有杭州属于非直辖市。（如图11—5 所示）

教育规模前 5 位城市中，会展专业本科生占比普遍高出全国平均数较多。全国会展本科生比例为 28.6%，而广州为 55.4%，重庆为 54.5%，北京为 50.0%，上海为 37.5%，杭州为37.3%。由此说明会展教育发达城市在学生数量上和教育层次上均具有领先优势（如图 11—6 所示）。

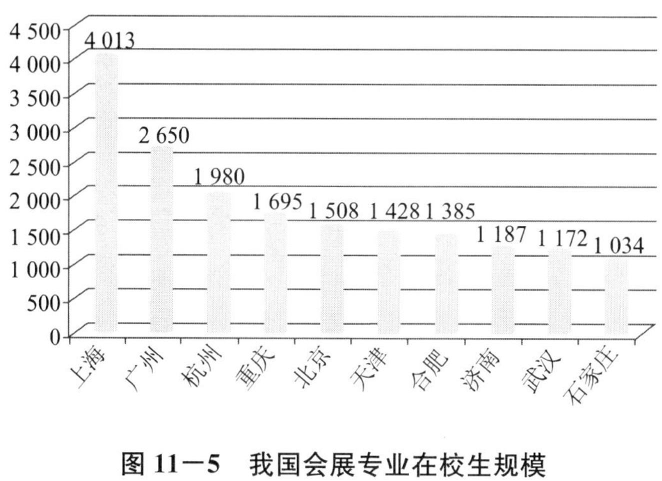

图 11—5　我国会展专业在校生规模 10 强城市示意图（2013 年春）（单位：人）

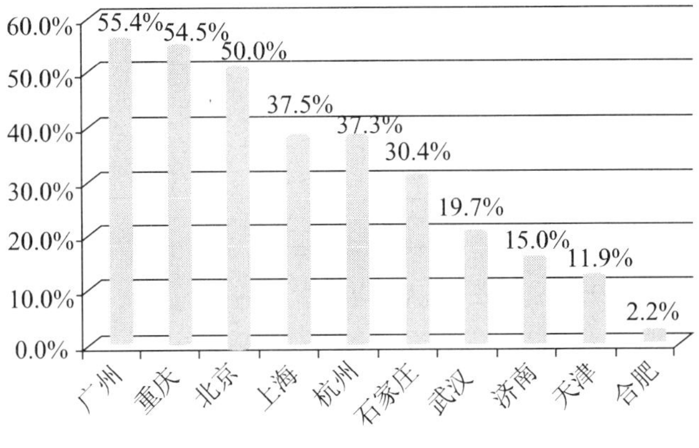

图11—6　我国会展专业在校生规模10强城市本科生占比示意图（2013年春）

三、中国会展教育发展态势

（一）教育重视与行业对接，行业归属尚可商榷

2012年，教育部将原有的专业教学指导机构——专业教学指导委员会改设为行业职业教育教学指导委员会（行指委），行指委下设相关专业教学指导委员会（专指委）。会展本科专业会展经济与管理专业划归旅游管理行指委，与高职统一归类（原本科归公共管理教指委，高职归旅游管理教指委）。专业建设注重教学实效，无论本科、专科，都十分强调对学生实际操作能力的培养。

主管中职高职会展类专业教学指导的全国旅游职业教育教学指导委员会已于2011年4月成立，但其中尚未有委员属于会展业界或学界代表，显然这对于会展专业教育的发展来说是不利的。就高职而言，会展专业已经在旅游类专业中占据重要位置，但在行指委成员结构中并未体现这一点。虽然我们可以寄希望于将来在旅游行指委下设会展专业教学指导委员会（专指委）。从另一个角度看，会展业在国民经济行业分类中属于商务服务业，而非旅游业。从会议、展览、节事活动三大块看，除了节事与旅游业关联度较大，展览和会议运营大多属于商务活动。而且，国家已明确由商务部服务贸易司主管会展业。因此，会展教育的行业归属究竟应该由商务部主导还是国家旅游局主导，确实还是值得商榷的。

（二）多种专项资金注入，助推会展专业建设

会展是个“圈子小、动静大”的行业。运作得当，往往能发挥“1∶9 效应”，起到“四两拨千斤”的作用。会展教育也有类似特性。小专业，可是对其他专业的带动作用很大。因此，在争取专项项目时，在学院内往往得到特别关照。仅以浙江省为例，14 所会展院校中，就有国家示范专业、国家特色专业、省示范专业、省特色专业、省优势专业、市特色专业各一个，有省教学团队 1 个、国家精品教材 1 部、“十一五”国家级规划教材 1 部，省精品课程 5 门，还有省重点教材。这些项目都有专项资金扶持，其中专业建设类项目的资金一般都有数百万元甚至更多。如此多的资金注入，无异于为会展专业的教学改革插上了腾飞的翅膀。

（三）专业技能竞赛热闹红火，以赛促学以赛促教见成效

近几年，浙江、山东、广东等会展业发达省份纷纷启动大学生会展策划省级大赛。2013 年春，浙江省教育厅在统一组织的大学生技能竞赛中增添了“会展管理”新项目，这是全国最早由省级教育主管部门组织的会展技能大赛。这些赛事的举办对激发学

生创意创新能力，提高学生会展职业能力起到了很好的促进作用。同学们通过参赛观赛，会展项目策划、调研、文案写作、展台设计、PPT展示，以及赛场应变等方面的能力得到迅速提高。特别值得一提的是，由中国商业联合会牵头组织的全国商科院校技能大赛会展专业竞赛自2007年至今已经举办6届。每一届都有进步，影响力逐年扩大，尤其是2010年起，教育部旅游教指委参与主办，2011年起，中国商业联合会承接教育部会展行业产教对话活动，与比赛同期举办，吸引了全国越来越多的院校参赛，目前该赛事已经成为我国会展教育界的一项重要赛事。（如表11—4、图11—7所示）

表11—4 全国商科院校技能大赛会展专业竞赛规模变化情况

年份	参赛院校数	参赛队数
2010	52	134
2011	50	167
2012	68	234

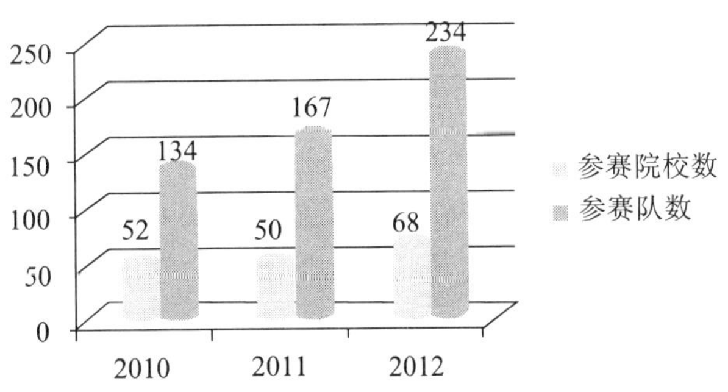

图11—7 全国商科院校技能大赛会展专业竞赛规模变化情况

（四）师资队伍迅速扩张，实训配套普遍不足

目前，国内对会展教师的师资培训尚未有全国性的统一规划，这对于提升会展教学水平非常不利。建议由教育部旅游行指

委统筹，先期开展会展策划与管理专业教师的岗位轮训，每年定期开展师资培训，提高教师的职业教学能力。

国内会展专业校内实训室建设也远远落后于专业发展速度。只有少数政府重视、经济发达的省市或争取到专项资金的院校，在会展实训室建设方面得到较充足的资金保证。此外，会展教学软件的更新速度也还不能满足需要。

（五）教材出版创纪录，优质教材依然稀缺

2011 年，新增会展教材达到创纪录的 71 本，但高质量教材依然罕见。（如表 11—5 所示）

表 11—5　我国会展教材历年出版数量情况（2002—2011 年）

出版年份	2002	2003	2004	2005	2006	2007	2008	2009	2010	2011	2012
出书数量	6	5	13	12	30	31	65	56	44	71	33

资料来源：卓越、当当、中国图书等各大售书网站搜集（2012 年为 1—8 月出版教材的统计数）

（六）汲取国际会展办学经验，中外合作专业增加

2012 年，浙江金融职业学院会展策划与管理专业开始实施中外合作办学（中澳合作），在原有上海外贸大学（中德合作）、广州大学旅游学院（中法合作）的基础上，拓宽了引进国外先进教学理念的思路和途径。

四、中国会展教育前景展望

首先，“十二五”期间，我国会展教育将迎来一个发展的最好时期。因为有那么多的省市、那么多的城市都把优先发展会展业放到非常重要的地位。

其次，文化会展将得到更多重视。会展属于文化创意产业，在我国提升文化软实力、文化强国建设、美丽中国建设的进程中将发挥更大的作用。学院、省、国家三级会展专业技能大赛的开展，就是为会展学子搭建一个创新力、灵气、锐气、定力的一个展示舞台，将促进我国会展业的腾飞。

最后，教育部会展策划与管理专业教学标准已于2012年底正式出版发行。此后，教育部将通过状态数据采集平台等管理手段推行实施该标准。此举必将规范和提升我国整体的会展教育质量，推动我国的会展教育水平上一个新台阶。